Kauderwelsch

Rainer Krack

Hindi

Wort für Wort

Kauderwelsch-Sprechführer sind anders!

Warum? Weil sie Sie in die Lage versetzen, wirklich zu sprechen und die Leute zu verstehen.

Wie wird das gemacht? Abgesehen von dem, was jedes Sprachbuch bietet, nämlich Vokabeln, Beispielsätze etc., zeichnen sich die Bände der Kauderwelsch-Reihe durch folgende Besonderheiten aus:

Die **Grammatik** wird in einfacher Sprache so weit erklärt, dass es möglich wird, ohne viel Paukerei mit dem Sprechen zu beginnen, wenn auch nicht gerade druckreif.

Alle Beispielsätze werden doppelt ins Deutsche übertragen: zum einen **„Wort-für-Wort"**, zum anderen in „ordentliches" Hochdeutsch. So wird das fremde Sprachsystem sehr gut durchschaubar. Denn in einer fremden Sprache unterscheiden sich z. B. Satzbau und Ausdrucksweise recht stark vom Deutschen. Ohne diese Übersetzungsart ist es so gut wie unmöglich, schnell einzelne Wörter in einem Satz auszutauschen.

Die **Autorinnen** und **Autoren** der Reihe sind Globetrotter, die die Sprache im Land selbst gelernt haben. Sie wissen daher genau, wie und was die Leute auf der Straße sprechen. Deren Ausdrucksweise ist nämlich häufig viel einfacher und direkter als z. B. die Sprache der Literatur oder des Fernsehens.

Besonders wichtig sind im Reiseland **Körpersprache, Gesten, Zeichen** und **Verhaltensregeln,** ohne die auch Sprachkundige kaum mit Menschen in guten Kontakt kommen. In allen Bänden der Kauderwelsch-Reihe wird darum besonders auf diese Art der nonverbalen Kommunikation eingegangen.

Kauderwelsch-Sprechführer sind keine Lehrbücher, aber viel mehr als Sprachführer! Wenn Sie ein wenig Zeit investieren und einige Vokabeln lernen, werden Sie mit ihrer Hilfe in kürzester Zeit schon Informationen bekommen und Erfahrungen machen, die „sprachlosen" Reisenden verborgen bleiben.

Inhalt

Grammatik

Inhalt

Konversation

Anhang

Mumbai: offizielle Amtssprache hier ist Marathi, aber die Mehrheit spricht Englisch und Hindi

Vorwort

Unzählige Male ist es mir in Indien so ergangen: Die Taxifahrer versuchten nicht, mich übers Ohr zu hauen, die Basarhändler verkauften mir ihre Waren zu „einheimischen“ Preisen, die Kellner bedienten mich mit ausgesuchter Freundlichkeit, und in langen Warteschlangen ließ man mich bereitwillig vor. Das alles, weil ich Hindi sprach, dessen sich die meisten Inder bedienen.

Nun, in der Warteschlange hätte ich auch anders vorankommen können: Gibt es doch im indischen Bundesstaat Rajasthan seit kurzem eine Verordnung, die besagt, dass jede Person, die sich im Zuge der Familienplanung hat sterilisieren lassen und dies durch einen Ausweis belegen kann, sich an die Spitze jeder Schlange vorschieben darf. Ehrlich gesagt – der Weg über das Hindi war mir da doch schon lieber!

Denn so schwer, wie es durch seine schwungvoll-fremden Zeichen erscheinen mag, ist das Hindi auch wieder nicht. Schließlich handelt es sich bei dieser Sprache um einen weit entfernten Verwandten des Deutschen. Hindi und Deutsch sind beide mehr oder weniger mit dem Sanskrit verwandt – das Hindi natürlich mehr als das Deutsche. Ähnlichkeiten zum Deutschen haben sich zumindest bei einigen Vokabeln bis heute erhalten. So bedeutet **bandhan** „Verbindung" oder „Bande", **sitārā** ist der „Stern" und **shāl** bleibt „Schal". Klingt doch gar nicht so schwer, oder? Selbst die Engländer, die sich mit dem Erlernen fremder Zungen nicht sehr leicht tun, haben sich in den 200 Jahren ihrer Herrschaft über Indien an die 2000 Wörter aus dem Hindi angeeignet.

Hören Sie sich Ausprachebeispiele mit Ihrem Smartphone an! Ausgewählte Kapitel im Konversationsteil sind dafür mit einem QR-Code ausgestattet.

Einige davon fanden auch den Weg ins Deutsche: So weiß jeder heutzutage, was ein Bungalow (von Hindi: **banglā**) ist, dass Curry (Hindi: **kaṛhī**) lange im Munde nachzubrennen pflegt oder dass ein Shampoo (von: **cāmpnā** – kneten, massieren) gut einmassiert werden will. Kaum jemand jedoch weiß, dass es sich bei diesen Worten um Verbalimporte aus Indien handelt.

Dafür dürfte das Hindi die Sprache der Zukunft sein: Zwar steht es in der Reihenfolge der meist gesprochenen Sprachen hinter Chinesisch und Englisch an dritter Stelle – dabei wird das in Pakistan gesprochene Urdu, das vom Hindi nur geringfügig abweicht, mitgerechnet – doch ist zu erwarten, dass sich noch einiges in der Reihenfolge tut! Womit wir wieder bei der Geburtenkontrolle angelangt wären ...

Bei meinen vielen Reisen durch Indien ist mir eines immer aufgefallen: Wenn ich Englisch sprach, respektierte man mich als einen **sāhib** (Herr) aus dem fernen, reichen Europa. Das machte sich immer ganz gut, wenn ich mich durch brenzlige Situationen hindurch-

Motor-Riksha in der ehemaligen portugiesischen Enklave Diu

boxen musste. Englisch ist in Indien immer noch die Sprache des Befehle erteilenden Vorgesetzten. Sprach ich dagegen Hindi, so öffneten sich die Gesichter zu einem breiten, einladenden Lachen, und ich war viel mehr als der **sāhib:** Man hatte mich als **dost,** „Freund" akzeptiert.

Merke: Das schönste Kompliment, das man den Bewohnern eines Landes machen kann, ist, ihre Sprache zu sprechen – oder es wenigstens zu versuchen.

Hinweise zur Benutzung

Der Kauderwelsch-Band „Hindi" ist in drei wichtige Abschnitte gegliedert:

Grammatik

Die **Grammatik** beschränkt sich auf das Wesentliche und ist so einfach gehalten wie möglich. Deshalb sind auch nicht sämtliche Ausnahmen und Unregelmäßigkeiten der Sprache erklärt. Wer nach der Lektüre gerne noch tiefer in die Grammatik eindringen möchte, findet im Anhang einige Tipps zum Weiterlernen. Natürlich kann man die Grammatik auch überspringen und sofort mit dem Konversationsteil beginnen. Wenn dann Fragen auftauchen, kann man immer noch in der Grammatik nachsehen.

Konversation

Konversation: In diesem Teil finden Sie Sätze aus dem Alltagsgespräch, die Ihnen einen ersten Eindruck davon vermitteln sollen, wie Hindi „funktioniert" und die Sie auf das vorbereiten sollen, was Sie später in Indien hören werden.

Wort-für-Wort-Übersetzung

Wird ein Hindi-Wort im Deutschen durch zwei Wörter übersetzt, werden diese zwei Wörter in der Wort-für-Wort-Übersetzung mit einem Bindestrich verbunden.

Jede Sprache hat ein typisches Satzbaumuster. Um die sich vom Deutschen unterscheidende Wortfolge der Sätze auf Hindi zu verstehen, ist die **Wort-für-Wort-Übersetzung** in *kursiver* Schrift gedacht. Jedem Hindi-Wort entspricht ein Wort in der Wort-für-Wort-Übersetzung.

ye santre bahtarīn haiñ.
diese Orangen am-besten sind
Diese Orangen sind am besten.

kitnā / kyā bajā hai?
wieviel / was geschlagen ist
Wie spät ist es?

Werden in einem Satz mehrere Wörter angegeben, die man untereinander austauschen kann, steht ein Schrägstrich zwischen diesen.

Mit Hilfe der Wort-für-Wort-Übersetzung können Sie bald eigene Sätze bilden. Sie können die Beispielsätze als Fundus von Satzschablonen und -mustern benutzen, die Sie selbst Ihren Bedürfnissen anpassen. Mit einem kleinen bisschen Kreativität und Mut können Sie sich neue Sätze „zusammenbauen", auch wenn das Ergebnis nicht immer grammatikalisch perfekt ausfällt.

Wörterlisten

Die **Wörterlisten** am Ende des Buches helfen Ihnen dabei. Sie enthalten einen Grundwortschatz von je ca. 1000 Wörtern Deutsch-Hindi und Hindi-Deutsch, mit denen man schon eine ganze Menge anfangen kann.

Umschlagklappe

Die **Umschlagklappe** hilft, die wichtigsten Sätze und Formulierungen stets parat zu haben. Aufgeklappt ist der Umschlag eine wesentliche Erleichterung, da nun die gewünschte Satzkonstruktion mit dem entsprechenden Vokabular aus den einzelnen Kapiteln kombiniert werden kann.

Wenn alles nicht mehr weiterhilft, dann ist vielleicht das Kapitel **„Nichts verstanden? – Weiterlernen!"** der richtige Tipp. Es befindet sich ebenfalls im Umschlag, stets bereit, mit der richtigen Formulierung für z. B. „Ich habe leider nicht verstanden." oder „Wie bitte?" auszuhelfen.

Seitenzahlen

Um Ihnen den Umgang mit den Zahlen zu erleichtern, ist auf jeder Seite die Seitenzahl auch auf Hindi angegeben!

Land & Sprache

Das Hindi ist ein Abkömmling des Sanskrit, der legendären heiligen „Sprache der Götter“, die ihre Blütezeit um 400 v. Chr. hatte. Deutsch und Hindi sind beide mehr oder weniger mit dem Sanskrit verwandt – das Hindi natürlich mehr als das Deutsche. Beide Sprache sind Tochtersprachen des sogenannten **Proto-Indo-Europäisch (PIE).** Das PIE wurde von den Ariern in Zentralasien gesprochen, und da niemand weiß, wie sie selber ihre Sprache nannten, behilft man sich mit diesem wissenschaftlichen Kürzel. Als die Arier von Zentralasien aus in verschiedene Himmelsrichtungen abwanderten, wurde aus PIE im Laufe der Zeit Sanskrit, als auch die europäischen indo-arischen Sprachen.

Seit den großen Mosleminvasionen, die Indien ab dem frühen 11. Jahrhundert heimgesucht hatten, besteht ein beachtlicher Teil des Vokabulars aus persischen oder arabischen Wörtern, die die Eindringlinge aus ihrer Heimat mitgebracht hatten. Aus diesem Grunde gibt es im Hindi eine Vielzahl von Vokabeln, die ebenso im modernen Arabisch vorkommen oder auch in anderen Sprachen der islamischen Welt. (Beispiel: **akhbār** – Zeitung, im Hindi als auch Arabisch; **kitāb** – Buch, im Hindi und im Türkischen). Das Hindi ist somit eine Art Mischsprache, in der sich Sanskrit mit Persisch und Arabisch vermengt, was

Kauderwelsch-AusspracheTrainer

Falls Sie sich die wichtigsten Hindi-Sätze, die in diesem Buch vorkommen, einmal von einem Einheimischen gesprochen anhören möchten, kann Ihnen Ihre Buchhandlung den ***AusspracheTrainer*** *zu diesem Buch besorgen. Sie bekommen ihn auch über unseren Internetshop* ***www.reise-know-how.de*** *Alle Sätze, die Sie auf dem* ***AusspracheTrainer*** *hören können, sind in diesem Buch mit einem 👂 gekennzeichnet. Den* ***Kauderwelsch-AusspracheTrainer*** *gibt es auch als* ***MP3-Download*** *unter:* ***www.reise-know-how.de***

jedoch einen kleinen Nachteil mit sich bringt: Für viele Vokabeln des Deutschen existiert gleich ein ganzes Sortiment an Hindi-Begriffen. Die einen entstammen dem persisch-arabischen Bereich, die anderen dem Sanskrit. Dazu einige Beispiele:

Blut	**khūn, rūdhir, rakt, lahū**
Haus	**ghar, makān, bhawan, mansil**
Liebe	**pyār, prem, mohabbat, ishk**
Zeit	**samay, zamānā, wakt, kāl**
aber	**magar, lekin, par, parantu, kintu**

Regional verschieden ist natürlich – der immensen Größe des Landes zufolge – die Aussprache als auch die „Qualität" des Hindi. Im allgemeinen wird gesagt, dass das Hindi im Bundesstaat Uttar Pradesh im Norden des Landes das „reinste" sei. Besonders die Stadt Lucknow wird als eine Art Hochburg der Hindikultur betrachtet. Nicht so gut weg kommt dagegen Mumbai: Dort, so sagt man, wird **bindās**-Hindi gesprochen. **bindās** ist ein Slangwort und nicht leicht zu übersetzen. Es bedeutet so viel wie „dreckig, frech, großschnäuzig, cool" oder „sorglos, unbekümmert". Das Mumbai-Hindi legt keinen Wert auf korrekte Grammatik, was sich aus der bunten Mischkultur der Stadt erklärt. Schließlich wohnen dort Abertausende von Menschen, die eine der vielen indischen Sprachen zur Muttersprache haben: Marathi, Gujarati oder Panjabi, Konkani, Telugu oder Tulu. Hindi ist für alle der ge-

Karte von Indien

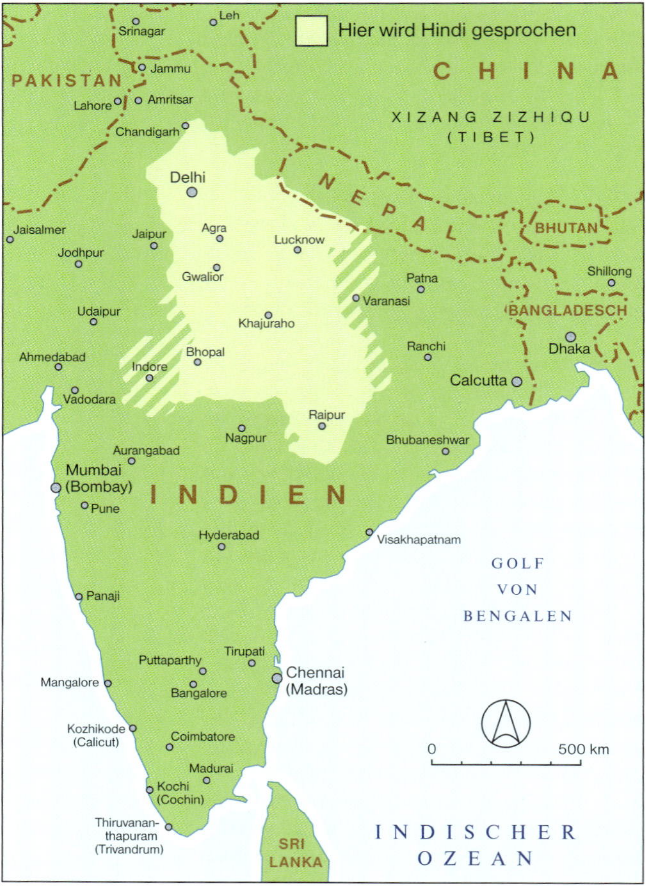

eignete gemeinsame Nenner, um zu kommunizieren. Dass die ausgefeilte Grammatik dabei auf der Strecke bleibt, ist einzusehen.

Hiermit haben wir nun ausgesprochen, dass es einen Wust von Sprachen in Indien gibt. Nicht ganz zu Unrecht hat der indische Journalist und Schriftsteller Khushwant Singh sein Land als ein neuzeitliches Babel bezeichnet. Offiziell werden 23 Sprachen als Landessprachen anerkannt, allen voran Englisch und Hindi. Insgesamt soll es nicht weniger als 225 verschiedene Sprachen und weitere 845 Dialekte in Indien geben, einige davon noch unerforscht. Zwei große Sprachgruppen existieren in Indien. Die dravidische im Süden des Landes und die sanskrit-basierende im Norden, der das Hindi angehört. Gemeinsam ist den beiden Gruppen lediglich eine Anzahl von Sanskrit-Vokabeln. Zöge man eine Linie quer durch Indien, etwa von Goa im Westen nach Hyderabad und weiter geradeaus, so erhielte man grob das sprachlich geteilte Indien. Oberhalb der Trennungslinie wird Hindi von jedermann verstanden, darunter in weit geringerem Maße.

Die indische Regierung ist bemüht, Hindi auch im Süden als Nationalsprache zu propagieren, und es ist zu erwarten, dass sich die Zahl der Hindi- Sprecher dort in Zukunft erhöhen wird.

Urdu

Noch etwas für Travellers in Pakistan: Wer Hindi spricht, wird überall in Pakistan zurechtkommen. Wie schon erwähnt, ist das pakistanische Urdu dem Hindi fast gleichzusetzen. Die Grammatik ist absolut die gleiche, nur der Wortschatz weicht in einigen Fällen voneinander ab. Wenn der Hindi-Sprecher Vokabeln von Sanskritherkunft benutzt, wird der Urdu-Sprecher auf Wörter aus dem persisch-arabischen Bereich zurückgreifen. Man könnte Hindi und Urdu mit zwei Kreisen vergleichen, die sich weitgehend überschneiden, jedoch noch ihre „eigenen", ungedeckten Kreissektoren bewahren.

Das Urdu wird in dem Arabischen entlehnten Schriftzeichen von rechts nach links geschrieben, während das Hindi mit seinem Devanagari-Alphabet „normal" von links nach rechts verläuft.

Transkribierung

Da das Hindi über Laute verfügt, die es nicht in den europäischen Sprachen gibt, wurde ein Transkribierungssystem entwickelt, mit dem diese Laute eindeutig gekennzeichnet werden können. Diese Art der Transkribierung findet man in linguistischen oder kulturellen Fachbüchern vor. Im Folgenden benutzen wir eine etwas vereinfachte Variante dieser fachmännischen Umschreibung; diese ist ausreichend, um dem Laien die Aussprache zu verdeutlichen, lässt aber einige Feinheiten aus, die unter Umständen verwirrend sein können. Im Hindi gibt es z. B. zwei **sh- (sch-)**-Laute, die praktisch gleich ausgesprochen werden, in Fachbüchern aber dennoch unterschiedlich transkribiert werden. Diese Feinheit lassen wir hier aus praktischen Gründen aus. Außerdem werden die im Hindi vorhandenen Nasallaute oft auf verschiedene Art dargestellt; wir begnügen uns hier mit einer vereinfachten Variante, die zur Aussprache völlig ausreicht.

to calo, hindī warna-mālā likho!
doch geh Hindi Alphabet schreibe
Also los, schreibe jetzt das Hindi-Alphabet!

Das Hindi-Alphabet

Das Hindi verfügt über 11 Selbstlaute (Vokale) und 35 Mitlaute (Konsonanten). Außer den Zeichen für diese Laute gibt es im Devanagari-Alphabet eine theoretisch unbegrenzte Zahl von kombinierten Konsonanten, so dass die Schrift nicht einfach zu erlernen ist.

Das Devanagari-Alphabet

Vokale

अ	आ	इ	ई	उ	ऊ
a	**ā**	**i**	**ī**	**u**	**ū**
ऋ	ए	ऐ	ओ	औ	
ri	**e**	**ai**	**o**	**au**	

Dass das Devanagari-Alphabet nicht ganz so einfach ist, hat auch **David Beckham** *am eigenen Leib erfahren müssen. Die Schrift hatte es ihm angetan, und so beauftragte er einen Tätwowierer, ihm den Namen seiner Frau* **Victoria** *auf den Arm zu tätwowieren. Der Tätowierer war des Hindi wohl nicht 100%ig mächtig, und nun läuft David mit der Aufschrift* **„Vhictoria"** *herum. Pech gehabt!*

Konsonanten

क	ख	ग	घ	ङ
k/q	**kh**	**g**	**gh**	**ṅ**
च	छ	ज	झ	ञ
c	**ch**	**j/z**	**jh**	**ñ**
ट	ठ	ड	ढ	ण
ṭ	**ṭh**	**ḍ/ṛ**	**ḍh**	**ṇ**
त	थ	द	ध	न
t	**th**	**d**	**dh**	**n**
प	फ	ब	भ	म
p	**ph**	**b**	**bh**	**m**
य	र	ल	व	ष
y	**r**	**l**	**w**	**ṣ**
श	स	ह	क्ष	ज्ञ
sh	**s**	**h**	**ksh**	**dny**

Aussprache & Betonung

Wir beschränken uns hier auf die notwendigen Erklärungen zur Aussprache der Laute.

Lange Vokale sind durch einen waagerechten Dehnungsstrich gekennzeichnet: **ā, ī, ū.**

Beachtet werden muss unbedingt, dass es im Hindi lange und kurze Vokale gibt! Eine lange oder kurze Aussprache existiert sowohl für das **a** als auch für das **i** und **u**. Die Vokale **e** und **o** werden im allgemeinen immer lang gesprochen.

a	kurzes „a" wie in Pass, nass, Band **kalam** *(Bleistift)*, **durbal** *(schwach)*, **mastī** *(Spaß)*
ai	wird oft (aber nicht immer) wie „ä" ausgesprochen: **hai** *(ist)*, **paisā** *(Geld)*, **kaise** *(wie)*
ā	langes „a" wie z.B. in Saal, Haar, Paar **māl** *(Sache/n)*, **pālnā** *(hegen)*, **fil-hāl** *(vorläufig)*
c	etwa wie „tsch" in Patsche, Watsche **cākū** *(Messer)*, **cār** *(vier)*, **bacānā** *(retten)*
e	klares, langes „e" wie in mehr, Beere, sehr, oder wie ein französisches „é" in protegé **namasté** *(Gruß)*, **aré** *(oh, he, hallo)*, **ret** *(Sand)*
ī	langes „i" wie in Bier, mir, vier **pīnā** *(trinken)*, **pānī** *(Wasser)*, **battī** *(Lampe)*
j	etwa „dsch" wie in Dschungel, oder wie ein englisches „g" in Roger, George **rājā** *(König)*, **jānā** *(gehen)*, **jītnā** *(siegen)*
o	wie deutsches „o" in bohren, Moor, hohl **konā** *(Ecke)*, **honā** *(sein)*, **potā** *(Enkel)*
r	etwas gerollt wie ein übertriebenes deutsches „r"; wie bayrisch Krruzitürrken oder engl. cry, try **karnā** *(tun, machen)*, **roṭī** *(Fladenbrot)*, **bār** *(mal)*
s	scharfes „s" wie in besser, Messer, Gewässer **sapnā** *(Traum)*, **pās** *(nahebei)*, **pīsnā** *(mahlen)*
sh	„sch" wie in Scheune, schieben, schleudern **shor** *(Lärm)*, **hosh** *(Verstand)*, **dushṭ** *(böse)*
u	kurzes u wie in Mutter, Kutte, bunt **guru** *(Lehrmeister)*, **guṛ** *(Melasse)*, **purush** *(Mann)*
ū	langes u wie in Uhr, Fuhre, pur **pūrā** *(voll)*, **dūr** *(weit)*, **mūtra** *(Urin)*
w	genau wie ein deutsches „w": **wasant** *(Frühling)*, **jawāb** *(Antwort)*, **jān-lewā** *(lebensgefährlich)*
z	weiches „s" wie in super, Suppe, Seife **zamānā** *(Zeit)*, **bāzī** *(Wette)*, **zabān** *(Zunge, Sprache)*

Und jetzt die schwierigeren Laute!

Die Retroflexe sind so „typisch indisch“, dass der englische Komiker Peter Sellers, wann immer er einen glaubwürdigen indischen Akzent hervorzaubern wollte, einfach alles mit herumgerollter Zunge „verhindisierte“. Der Effekt war zwar parodiehaft übertrieben, jedoch ganz eindeutig „indisch“.

die Retroflexe

Bedauerlicherweise verfügt das Hindi über eine Anzahl von Lauten, die in keiner anderen außerindischen Sprache auftauchen und deren Aussprache dem Fremden einige Übung abverlangt. Diese Laute sind die Retroflexe **ṭ, ṭh, ḍ, ḍh, ṇ, ṛ** und **ṛh.** Um sie richtig auszusprechen, muss die Zunge nach oben gerollt und an den Gaumen gedrückt werden. Die Aussprache dieser Laute erfordert einige Übung, und besonders hierbei gilt die Devise: Gut zuhören und so viel wie möglich nachplappern, auch wenn's am Anfang unmöglich erscheint. Übung macht den Sprachenkünstler!

aspirierte Laute

Das **h** *in den Lauten ist deutlich hörbar zu machen, so als sagte man Block-haus, Ab-hang, Birming-ham, etc.*

Eine weitere Schwierigkeit sind die aspirierten Laute (behauchte Laute) **kh, gh, ch, jh, th, dh, th, dh, ph, bh** und **ṛh.**

Ganz übel wird es, wenn ein Laut ein Retroflex und gleichzeitig behaucht ist. Von diesen Zungenbrechern gibt es zum Glück nur drei: **ṭh, ḍh, ṛh.**

nasalierte Vokale

Weiterhin verfügt das Hindi über nasalierte Vokale, die hier durch ein ˜ gekennzeichnet werden. Ausgesprochen werden sie, als folge ihnen ein verschnupft gesprochenes **n.**

Ali Khāñ Dilli meñ pahūñctā hai.
Ali Khan Delhi in ankommt ist
Ali Khan kommt in Delhi an.

jangal meñ mangal.
Wildnis in Segen
In der Einöde liegt Segen. *(indisches Sprichwort)*

Betonung

Die Betonung im Hindi ist bei weitem nicht so wichtig wie die richtige Länge der Vokale, und sie kann variieren. Hier ein Schlüssel, mit dem die Betonung meistens klappen wird:

bei zweisilbigen Wörtern
Betonung auf der ersten Silbe, sofern kein langer Vokal vorkommt, ansonsten auf dem langen Vokal (also **ā, ī, ū, o, e**).

bei drei- oder mehrsilbigen Wörtern
Betonung auf der zweiten Silbe, bzw., falls nach der zweiten Silbe ein langer Vokal auftaucht (also **ā, ī, ū, o, e**), auf diesem.

Damit wird es meist klappen. Zur leichteren Aussprache, und damit der Leser besser in den Rhythmus der Worte kommt, werden wir im Folgenden zahlreiche längere Worte durch Bindestrich in ihre Grundbestandteile unterteilen. Also z.B. **ārām-deh** statt **ārāmdeh,** was etwas kompliziert zu lesen aussieht. Dies ist aber nicht bei allen langen Vokabeln möglich.

Doppelkonsonanten wie in **cammac** *(Löffel) oder* **ṭhappā** *(Stempel) sollten bewusst lang gesprochen werden, als sagte man* **cam-mac, ṭhap-pā** *etc.*

Wörter, die weiterhelfen

Wer nach einem langen Flug endlich seinen Fuß auf indischen Boden setzt, wird mit Sicherheit irgendetwas benötigen: Ein Zimmer, einen Schluck Trinkbares oder einen Satz Kleidung, weil die Airline das Gepäck versehentlich nach Khartoum geschickt hat. Für solche Notsituationen sollte man die richtige Frage parat haben, die man selbst im stärksten Stress oder dumpfsten Jet-Lag noch hervorstammeln kann.

Wo ist ... ?

... kahāñ hai?
... wo ist?
Wo ist ...?

leṭrīn kahāñ hai?
Toilette wo ist?
Wo ist die Toilette?

hoṭel	Hotel
kamrā	Zimmer
resṭoranṭ	Restaurant
dukān	Geschäft
leṭrīn	Toilette
pulīs	Polizei
benk	Bank
samān	Gepäck
samān-ghar	Gepäckaufbewahrung
ṭeksī	Taxi
dawā-khānā, ***farmesī***	Apotheke
hospital**, aspiṭal**	Krankenhaus

dakṭar	Arzt
rājdūtāwās	Botschaft
relwe steshan	Bahnhof
posṭ affis	Postamt
cyber cafe	Internetladen
pablik fon	öffentliches Telefon
mandir	Tempel

Gibt es ... ?

Lässt man das **kahāñ** in den obigen Fragen weg, so erhält man:

hoṭel hai?
Hotel ist?
Gibt es ein Hotel?

kamrā hai?
Zimmer ist?
Gibt es ein Zimmer?

ja & nein

hāñ	ja
nahīñ	nein

Will man besonders höflich sein, so empfiehlt sich das Voranstellen der Höflichkeitspartikel **-jī**:

jī hāñ	ja bitte
jī nahīñ	nein danke, nein mein Herr/meine Dame

-jī kann auch an Namen gehängt werden, um jemanden höflich anzusprechen. Zum Beispiel:

Gāndhī-jī	**Sharmā-jī**
Gandhi (+ Höflichk.)	*Sharma (+ Höflichk.)*
verehrter Gandhi	lieber Herr Sharma

Bei **Vornamen** kann statt dem **-jī** auch ein **-ū** angehängt werden. Das **-ū** drückt nicht nur Höflichkeit, sondern auch eine gewisse Vertrautheit und Nähe aus (vielleicht wie in „ach, mein liebes Karlchen"). Man könnte es auch Verniedlichungspartikel nennen. Beispiel:

Wasantū
Vasant (+ Verniedl.)
mein lieber Vasant

Bei Namen, die auf **-ā** enden, wird dieses weggelassen und durch ein **-ū** ersetzt:

Smītū	**Rāmū**
Smitā (+ Verniedl.)	*Rāmā (+ Verniedl.)*
meine liebe Smita	mein lieber Rām(ā)

Eine konkrete Regel gibt es nicht, es hilft nur längere Übung und Fingerspitzengefühl, um zu verstehen, wo das **-ū** *passt und wo nicht. Bei Unsicherheit ist es angebracht, einfach auf das pflegeleichtere* **-jī** *zurück zu greifen.*

Bei einigen Namen würde das Anhängen allerdings seltsam klingen. Ich bin in Indien oft **Rainer-jī** genannt worden, das hört sich sehr gut an; „**Rainerū**" hingegen würde sehr eigenartig klingen. Um bei indischen Namen zu bleiben: Aus dem Namen **Harsh** könnte nur **Harsh-jī** werden, auch hier klänge **Harshū** sehr merkwürdig; ebenso könnte aus **Lakshmī** nicht „**Lakshmū**" werden, nur **Lakshmī-jī.**

Hauptwörter

Das Hindi unterscheidet weibliche und männliche Hauptwörter (Substantive), die sich weitgehend an den Endungen voneinander unterscheiden. Endet ein Hauptwort auf **-ā**, so ist es *zumeist* männlich, endet es auf **-ī**, so ist es *zumeist* weiblich.

Es gibt unzählige Ausnahmen, von denen wir gleich einige vorstellen werden, hier jedoch erst einmal ein paar Beispiele zur Regel.

männlich	
kamrā	Zimmer
kandhā	Schulter
kanghā	Kamm
nāshtā	Frühstück

weiblich	
gāṛī	Wagen, Auto
ṭopī	Hut, Mütze
roshnī	Licht
bijlī	Strom, Blitz

Hauptwörter, die auf einen Konsonant enden, sind *zumeist* männlich. Beispiele:

phūl	Blume
kambal	(Zu-)Decke
sābun	Seife
patlūn	Hose

Nun gibt es, wie oben schon erwähnt, zahlreiche Ausnahmen zu der Regel, die für einen Anfänger sehr verwirrend sein können:

weibliche Hauptwörter mit ā-Endung	
shīghratā	Schnelligkeit
wīratā	Heldenhaftigkeit, Mannhaftigkeit
widyā	Wissenschaft
mūrkhtā	Dummheit

männliche Hauptwörter auf ī-Endung	
dahī	Joghurt
yogī	Yogi
ādmī	Mann
bhāī	Bruder

weibl. Hauptwörter mit Konsonant-Endung	
imārat	Gebäude
zabān	Sprache
muskurahaṭ	Lächeln
gaṛbaṛ	Problem, Ärger

Es gibt einige wenige Hauptwörter, die männlich oder weiblich behandelt werden können. Die einzigen, die man antreffen wird, sind wahrscheinlich

dukān	Geschäft
kalam	Bleistift, Kuli

Weitere Hauptwortendungen	
a	= männlich
i	= weiblich
u	= männlich
ū	= männlich/weiblich

Beispiele zu -ū

cākū (Messer)	männlich
dārū (Alkohol, Schnaps)	weiblich
ārzū (Wunsch, Verlangen)	weiblich

Leider gibt es zu der oben aufgestellten Regel Tausende von Ausnahmen, die man alle eigentlich auswendig können müsste, um ganz korrekt zu sprechen. Wie wir sehen werden, richten sich Eigenschaftswörter im Hindi in Zahl und Geschlecht nach dem dazugehörigen Hauptwort.

Für den normalen Sprachgebrauch reicht es, die Hauptwörter nach der *Regel* zu behandeln, nicht nach den Ausnahmen. Um das Thema zu vereinfachen, können wir alle Hauptwörter, die auf **-ā** enden, als männlich behandeln, solche, die auf **-ī** enden, als weiblich. Hauptwörter, die auf einen Konsonanten enden, können als männlich behandelt werden.

Damit wird man zwar unweigerlich Fehler machen, denn die Regeln stimmen eben nicht immer. Aber erstens macht das zum Verständnis des gesprochenen Satzes nichts aus, und zweitens reden sehr viele Inder ebenfalls entgegen den Regeln der Grammatik, und aus einem weiblichen Hauptwort wird schon mal flugs ein männliches. Das geschieht in der Umgangssprache sehr häufig.

Die einzigen Inder, die immer korrekt in ihrer Grammatik waren, waren Leute mit extrem guter Schulbildung. Meistens wird man es aber eher mit „einfachen" Leuten zu tun haben, wie Busschaffnern, Kellnern, Bahnbeamten, etc.

Um nicht zu kompliziert zu werden, wird auf eine hundertprozent korrekte Grammatik hier verzichtet. Wichtig ist allein, dass man verstanden wird. Im Übrigen habe ich selbst kaum einen „normalen" Inder getroffen, der allen Hauptwörtern immer das richtige Geschlecht zuzuordnen wusste. In der Umgangssprache geht das oft ein bisschen durcheinander.

die Mehrzahl (Plural)

Wer exakt sprechen will, kann sich in der Vokabelliste am Ende des Buches das Geschlecht der jeweiligen Hauptwörter anlesen (m = männlich, w = weiblich). Wenn man das Geschlechterproblem im Hindi beherrscht, klingt man elegant und gebildet – man kann es sich aber auch einfacher machen.

Ob ein Hauptwort männlich oder weiblich ist, und welche Endung es hat, bestimmt, wie die Mehrzahlform aussieht.

männlich

Aus der Endung **-ā** wird ein langes **-e:**

Einzahl	Mehrzahl	
kamrā	**kamre**	Zimmer (Mz)
kandhā	**kandhe**	Schultern
kanghā	**kanghe**	Kämme
nāshtā	**nāshte**	Frühstücke

Für männliche Hauptwörter, die auf einen Konsonanten enden, bleibt die Endung in der Einzahl und Mehrzahl gleich.

weiblich

Man hängt an das Wortende ein **-yāñ,** wobei sich das vorangehende lange **-ī** auf ein kurzes **i** reduziert. Die Betonung wechselt zumeist auf die Endsilbe.

Einzahl	Mehrzahl	
laṛkī	**laṛkiyāñ**	Mädchen (Mz)
gāṛī	**gāṛiyāñ**	Autos, Wagen
ṭopī	**ṭopiyāñ**	Hüte, Mützen
roshnī	**roshniyāñ**	Lichter

weiblich, Endungen -ā, -ū, Konsonant

Den Endungen **-ā** und **-ū** wird **-eñ** angehängt. Auch bei Endung auf einen Konsonanten wird an diesen ein **-eñ** gehängt.

weiblich, Endungen -ā, -ū		
Einzahl	**Mehrzahl**	
shīghratā	**shīghratāeñ**	Geschwindigkeiten
ārzū	**ārzūeñ**	Wünsche, Verlangen
widyā	**widyāeñ**	Wissenschaften
mūrkhtā	**mūrkhtāeñ**	Dummheiten

weiblich, Endung auf einen Konsonant		
Einzahl	**Mehrzahl**	
imārat	**imārateñ**	Gebäude
zabān	**zabāneñ**	Sprachen
muskurāhaṭ	**muskurāhaṭeñ**	Lächeln
gaṛbaṛ	**gaṛbaṛeñ**	Probleme

Alle anderen Einzahlendungen bleiben in der Mehrzahl gleich, also männliche Hauptwörter auf Endung **-a, -ī, -u** und **ū.**

Man kann also nur aus dem Zusammenhang erkennen, ob das Wort Einzahl oder Mehrzahl ist!

dahī	Joghurt / Joghurts
cākū	Messer / Messer (Mz)
shūnya	Null / Nullen
guru	Lehrmeister / Lehrmeister (Mz)

Sonderfälle

Einige männliche Vokabeln, die aus dem Arabischen stammen, bilden in der eleganten

Schriftsprache die Mehrzahl, indem **-āt** angehängt wird. Dabei wird der vorangehende lange Vokallaut zu einem kurzen. Beispiele:

Einzahl	Mehrzahl
makān	Haus
makanāt	Häuser
ilzām	Anschuldigung
ilzamāt	Anschuldigungen

In ganz seltenen Fällen wird ein **-ān** *angehängt:*

sāhib	Herr, Meister
sahibān	Herren, Meister

(vor allem in der formellen Anrede:
sahibān! = etwa „meine verehrten Herren!)

Diese nur ganz selten auftretenden Mehrzahlformen klingen sehr formell, und man braucht sie nicht zu benutzen. Der Durchschnitts-Inder auf der Straße wird diese Wörter einfach behandeln wie andere männliche Hauptwörter mit Konsonant-Endung, d.h. die Mehrzahlform ist dieselbe wie die Einzahlform.

Mehrzahl mit log = „Leute“

Handelt es sich um Personen, die in der Mehrzahl gesetzt werden sollen, so kann dies umgangssprachlich auch durch das Anhängen von **log** (= Leute) ausgedrückt werden. Beispiele:

Einzahl	Mehrzahl
laṛkī	Mädchen
laṛkī-log	Mädchen (Mz)
sādhu	Sadhu, heiliger Mann
sādhu-log	Sadhus, heilige Männer
bhikhārī	Bettler
bhikhārī-log	Bettler (Mz)
adhikārī	Beamter
adhikārī-log	Beamte

Dies ist eine gewitzte Methode, die komplizierten Mehrzahlformen zu umgehen!

Ein Satzbeispiel mit **naukar** = Bediensteter, Diener:

ye naukar-log ājkal bahut ālsī haiñ.
diese Bedienster-Leute heutzutage sehr faul sind
Diese Bediensteten sind heutzutage sehr faul.

... mit **widyārthī** = Student:

ye widyārthī-log kyā hallā-gullā karte haiñ?
diese Student-Leute was Lärm/Aufruhr machen sind?
Was machen die Studenten da für einen Lärm da?

Alle Hauptwörter, die anders als auf **-ā** oder **-ī** enden, kann man aber der Einfachheit halber auch als männliche mit Konsonantendung behandeln, d. h., Einzahl und Mehrzahl sind gleich! Damit wird man sicher keinen Preis in einem Wettbewerb für klassisches Hoch-Hindi gewinnen, aber ein kleiner Trost: die „Leute von der Straße“ reden auch so!

Persönliche Fürwörter

Die persönlichen Fürwörter im Hindi heißen:

maiñ	ich
tū	du *(unter eng vertrauten Personen OK, ansonsten herablassend)*
tum	du *(höflich)*
yah	diese/r (hier)
wah	diese/r (dort)
ham	wir
tum	ihr
āp	Sie

3. und 4. Fall – Dativ und Akkusativ	
mujhe, mujhko	mir, mich
tujhe, tujhko	dir, dich
isko, ise	ihm, ihr, ihn, sie (hier)
usko, use	ihm, ihr, ihn, sie (dort)
hamko, hameñ	uns
tūmko, tumheñ	dir, euch, dich, euch
inko, inheñ	ihnen, sie (hier)
unko, unheñ	ihnen, sie (dort)
āpko	Ihnen, Sie

mujhe ek pyālā garam dūdh lānā!
mir ein Tasse heiß Milch bringen
Bring mir eine Tasse heiße Milch!

usko ek bīr pilānā!
ihm ein Bier ausgeben!
Gib ihm (dort) ein Bier aus!

Sein oder nicht sein?

maiñ hūñ	ich bin
tū hai	du bist *(unter eng vertrauten Personen OK, sonst herablassend)*
yah hai	diese/r (hier) ist
wah (woh) hai	diese/r (dort) ist
ham haiñ	wir sind
tum ho	du bist *(höflich)* / ihr seid
ye haiñ	sie (hier) sind
we haiñ	sie (dort) sind
āp haiñ	Sie sind

woh *ist umgangssprachlich und wird in der Schriftsprache normalerweise nicht benutzt!*

maiñ yātrī hūñ.
ich Reisender bin
Ich bin Reisender/Pilger.

tum merā ham-safar ho.
du mein Reisebegleiter bist
Du bist mein Reisebegleiter.

Soll der Satz verneint werden, so fällt das „bin“ oder „bist“ einfach weg und wird durch **nahīñ** (nein, nicht) ersetzt.

maiñ yātrī nahīñ.
ich Reisender nicht
Ich bin kein Reisender/Pilger.

tum merā ham-safar nahīñ.
du mein Reisebegleiter nicht
Du bist nicht mein Reisebegleiter.

Wortstellung

Im Hindi gibt es keinen Artikel, weder einen bestimmten, noch einen unbestimmten!

Die Wortstellung im einfachen Hindi-Satz lautet wie folgt:

... im Aussagesatz		
Satzgegenstand – *(Subjekt)*	Satzergänzung – *(Objekt)*	Satzaussage *(Prädikat)*

Da wir nun schon wissen, was „ich kaufe" und „ich verkaufe" heißt, brauchen wir nur noch eine Einkaufsliste, und ab geht's zum **basār** *(Basar).*

maiñ dūdh kharīdtā hūñ.
ich Milch kaufend bin
Ich kaufe Milch.

maiñ cāwal bectā hūñ.
ich Reis verkaufend bin
Ich verkaufe Reis.

Die Satzergänzung kommt im Hindi ohne eine besondere Deklinationsform aus; die Stellung im Satz macht sie schon als solche erkennbar. Das gleiche System gilt auch bei Fragen:

āp wahāñ kyā karte haiñ?
Sie dort was machend sind
Was machen Sie dort?

... bei Fragen „wer", „was", „wo", „warum"
Hauptwort – Fragewort – Hilfsverb

Wie die obigen Fragen zeigen, steht am Anfang des Fragesatzes nicht das Fragewort, sondern das Hauptwort (Substantiv), um das es geht.

benk kahāñ hai?	**cyber cafe kahāñ paṛtā hai?**
Bank wo ist	*Cyber Café wo fällt ist*
Wo ist die Bank?	Wo ist ein Internetladen?

Hält man sich längere Zeit in Großstadt-Dschungeln wie Mumbai, Delhi oder Kalkutta auf, ist ein Stadtplan keine schlechte Investition.

Statt **kahāñ hai?** (wo ist?) kann man umgangssprachlich auch sagen **kahāñ paṛtā hai?** (wörtlich „wo fällt hin"?). Bei Hauptwörtern, die weiblich sind, müsste es eigentlich **kahāñ paṛtī hai?** heißen, aber so exakt sprechen nicht viele Leute.

Am Schluss des Fragesatzes steht das Tätigkeitswort (Verb) oder Hilfsverb.

Kompliziertere Fragen

Auch hier wird die Wortstellung „Satzgegenstand – Satzergänzung – Satzaussage" beibehalten:

wah ādmī kyā boltā hai?
jener Mann was sagend ist
Was sagt der Mann da?

tum yah kyoñ nahīñ karte ho?
du dies warum nicht machend bist
Warum tust du das nicht?

Auf Fragen wird in der Regel mit Worten und Gesten hilfsbereit geantwort. Hier die wichtigsten Richtung weisenden Begriffe:

Aufgepasst: Nicht jeder Inder weiß, wo sich die nächste American-Express-Filiale oder das nächste Spezialitätenrestaurant befindet; aus dem einfachen Grund, weil sie niemals dorthin gehen. Trotzdem wollen sie den Reisenden nicht enttäuschen, und es kann sein, dass sie dann einfach in eine x-beliebige Himmelsrichtung zeigen.

bāīñ (or, taraf)
linke (Richtung)
nach links

dahinī (or, taraf)
rechte (Richtung)
nach rechts

Die in Klammern stehenden Begriffe können weggelassen werden. **bāīñ**, **bāīñ or** oder **bāīñ taraf** sind alles gleichbedeutende Begriffe.

sīdhā
geradeaus

wāpas
zurück

Durch gesunde Beobachtungsgabe lässt sich zumeist schon vorab erkennen, ob der Befragte weiß, wovon er redet oder nicht. Sind seine Versuche, den Weg zu erklären, recht vage und unsicher, so vergessen Sie es! Wahrscheinlich hat er keine Ahnung, wo es langgeht. Fragen Sie einen anderen Passanten, und wenn dessen Ausführungen fundiert erscheinen, machen Sie sich auf den Weg. Ganz wichtig ist die auch Art der Fragestellung. Nie sollte man jemanden fragen „Geht dieser Bus nach Nasik?“ Wahrscheinlich wird man die Antwort bekommen, klar, der geht auf jeden Fall nach Nasik. Nach zwei Stunden merkt man dann, dass man genau in die andere Richtung kutschiert worden ist. Fragen Sie immer: „Wohin geht dieser Bus?“ Das ist sicherer und erspart manchen Umweg.

Das genaue Unterscheiden zwischen „ja“ und „nein“ erfordert gutes Beobachten und ein bisschen Einfühlungsvermögen.

Was Missverständnisse in der Kommunikation mit Indern noch fördert, ist die berühmt-berüchtigte indische Art des „Jasagens“. Der Inder nickt nicht mit dem Kopf zu „Ja“, sondern schüttelt ihn lose von der einen Schulter zur anderen und wieder zurück, als säße der Kopf etwas locker auf dem Hals. Bedauerlicherweise sieht diese Geste unserem „Nein" sehr ähnlich, und so ist es schon zu den höchsten Wirrnissen gekommen.

Das indische „Nein" wird durch ein kurzes Zucken des Kopfes von links nach rechts und zurück ausgedrückt. Diese Geste ist dem „Ja" oft sehr ähnlich, doch wird sie meistens durch eine abfällige Handbewegung unterstützt.

Viele Reisende übernehmen die indische Gestik schon nach ein paar Wochen im Lande, was jedoch später zurück in der Heimat wieder zu Missverständnissen führen kann!

Moderne Kommunikation: Über 600 Millionen Inder telefonieren bereits per Handy

Fragewörter

Hier einige der wichtigsten Fragewörter auf Hindi:

kaun	wer
kyā	was
kahāñ oder **kidhar**	wo, wohin
kab	wann
kyoñ oder **kyūñ**	warum
kaisā	wie
kitnā **kitne** (m; Mz.), **kitnī** (w; Ez & Mz)	wie viel, wie viele

Wie man zuvor gesehen hat, steht im Fragesatz voran das Hauptwort, um das es geht, erst dann folgt das Fragewort.

yah kaun hai?
dies wer ist
Wer ist das?

wahāñ kyā hai?
jenes was ist
Was ist das?

mālik kaun hai?
Herr wer ist
Wer ist hier der Boss?

wah kyoñ āyā?
der warum kam
Warum ist der denn gekommen?

yah kaise ho gayā?
dies wie ist geworden
Wie ist das denn passiert?

leṭrīn kahāñ hai?
Toilette wo ist
Wo ist die Toilette?

merā sārā paisā kahāñ gayā?
mein ganzes Geld wo gegangen
Wo ist bloß mein ganzes Geld geblieben?

Eigenschaftswörter

Das Eigenschaftswort geht in Geschlecht und Zahl mit dem dazugehörigen Hauptwort überein. Auf einen Konsonanten endende Eigenschaftswörter sind unveränderlich! Bezieht sich das Eigenschaftswort auf ein weibliches Hauptwort, so nimmt seine Endung die weibliche Form **-ī** an.

makān ist *männlich, daher hat* **baṛā** *(„groß") im Satz die männliche Endung* **-a.** **ṭopī** *ist weiblich, daher hat* **baṛā** *im Satz die weibliche Endung* **-ī.**

makān baṛā hai.
Haus groß ist
Das Haus ist groß.

ṭopī baṛī hai.
Mütze groß ist
Die Mütze ist groß.

Bei Eigenschaftswörtern, die nicht auf einen Konsonant oder **-u** enden, ist das Geschlecht unbestimmt, und diese werden unverändert für männliche und weibliche Hauptwörter benutzt, in der Einzahl oder Mehrzahl:

Wie schon im Kapitel über die Mehrzahl der Hauptwörter erwähnt, so kann man auch hier alle Hauptwörter, die auf **-ā** *oder einen Konsonanten enden, als männliche behandeln, auch wenn sie in Wirklichkeit vielleicht weiblich sein mögen.*

ye laṛkiyāñ bahut khūbsūrat haiñ.
diese Mädchen sehr hübsch sind
Diese Mädchen sind sehr hübsch.

yahāñ ke paṛosī-log bahut dayālu haiñ.
hier von Nachbarn-Leute sehr gütig sind
Die Nachbarn hier sind sehr freundlich.

Auch in der Mehrzahl passt sich das Eigenschaftswort seinem zugehörigen Hauptwort an. Genau wie die männlichen Hauptwörter auf **-ā**, bilden die männlichen Eigenschaftswörter die Mehrzahl durch die Endung **-e. makān** – da mit Konsonantenendung – ist in Einzahl und Mehrzahl gleich.

Auch die weibliche Eigenschaftswortendung ist in Einzahl und Mehrzahl gleich.

makān baṛe haiñ.	**topiyāñ baṛī haiñ.**
Häuser große sind	*Mützen groß sind*
Die Häuser sind groß.	Die Mützen sind groß.

Besitzanzeigende Fürwörter

Die besitzanzeigenden Fürwörter (Possessivpronomen) in Hindi heißen:

männlich	weiblich	
merā	**merī**	mein
terā	**terī**	dein *(unhöflich)*
iskā	**iskī**	sein, ihres (hier) *(unhöflich)*
inkā	**inkī**	sein, ihres (hier) *(höflich)*
uskā	**uskī**	sein, ihres (dort) *(unhöflich)*
unkā	**unkī**	sein, ihres (dort) *(höflich)*
hamarā	**hamārī**	unser
tumhārā	**tumhārī**	euer; dein *(respektvoll)*
āpkā	**āpkī**	Ihr/es *(höflich)*

in der Mehrzahl männlich	weiblich	
mere (m) /	**merī** (w)	meine
tere (m) /	**terī** (w)	deine *(unhöflich)*
iske (m) /	**iskī** (w)	seine, ihere (hier) *(höflich)*
inke (m) /	**inkī** (w)	seine, ihre (hier) *(höflich)*
uske (m) /	**uskī** (w)	seine, ihre *(unhöflich)*
unke (m) /	**unkī** (w)	seine, ihre (dort) *(höflich)*
hamāre (m) /	**hamārī** (w)	unsere
tumhāre (m) /	**tumhārī** (w)	eure *(respektvoll)*
āpke (m) /	**āpkī** (w)	Ihre *(höflich)*

Die besitzanzeigenden Fürwörter werden wie Eigenschaftswörter behandelt, sie passen sich in Geschlecht und Zahl dem Hauptwort an.

Man kann als richtiger Kauderwelsch-Sprecher alle Hürden umgehen, indem man einfach immer die männliche Endung **-ā** *beibehält. Das klingt ein wenig ungehobelt, aber was soll's!*

merā bhāī	mein Bruder
mere bhāī	meine Brüder
merī bahin	meine Schwester
merī bahineñ	meine Schwestern
merā pitā-jī	mein Vater
merī māñ	meine Mutter
mere mātā-pitā	meine Eltern
(lockerer:) **mere mā-bāp**	
mera dost	mein Freund
mere dost	meine Freunde
merī sahelī	meine Freundin
merī saheliyāñ	meine Freundinnen
terā ghar	dein Haus
tere ghar	deine Häuser
terī kitāb	dein Buch
terī kitābeñ	deine Bücher

kitāb *ist weiblich!*

Besitzanzeigende Fürwörter

Wenn man die Endungen nicht immer richtig hinbekommt und statt der Mehrzahl zur Einzahl greift, oder statt zur weiblichen Form zur männlichen, so klingt das zwar nicht sehr schön, verstanden wird man aber mit aller Wahrscheinlichkeit dennoch.

iskā baṭuwā	seine/ihre Geldbörse
iskī baṭuwe	seine/ihre Geldbörsen
iskī ghaṛī	seine/ihre Uhr
iskī ghaṛiyāñ	seine/ihre Uhren
inkā paisā	sein/ihr Geld
inke paise	sein/ihr Geld/Gelder
inkī gāṛī	sein/ihr Auto
inkī gāṛiyāñ	seine/ihre Autos
hamāra cācā	unser Onkel
hamāre cāce	unsere Onkel
hamārī cācī	unsere Tante
hamārī cāciyāñ	unsere Tanten
hamāra paṛosī	unser Nachbar
hamāre paṛosī	unsere Nachbarn
hamarī paṛosin	unsere Nachbarin
hamārī paṛosin	unsere Nachbarinnen
tumhārā makān	euer Haus
tumhāre makān	eure Häuser
tumhārī āmdanī	euer Gehalt
tumhārī āmdaniyāñ	eure Gehälter
tumhārā kapṛā	eure Kleidung
tumhāre kapṛe	eure Kleidungsstücke
tumhārī sāṛī	euer Sari
tumhārī sāṛiyāñ	eure Saris
āpkā matlab?	Ihre Meinung? *(was meinen Sie damit?)*
āpkī marzī	Ihr Gefallen *(ganz wie Sie wünschen)*
āpkā beṭā	Ihr Sohn
āpke beṭe	Ihre Söhne
āpkī beṭī	Ihre Tochter
āpkī beṭiyāñ	Ihre Töchter

Die Formen **unkā, unkī,** bzw. in der Mehrzahl **unke, unkī** sind so etwas wie eine „respektvolle Mehrzahl", die bei Benutzung für eine einzige Person Achtung und Respekt ausdrückt.

Diesen sogenannten **honorific plural,** bei dem also für eine Einzelperson die Mehrzahlform benutzt wird, findet man sehr häufig im Hindi. Wird diese Form für mehrere Personen benutzt, ist sie „respektsneutral".

Aus dem Fürwort **unkī** *geht nicht hervor, ob der Besitzer/ die Besitzerin des Buches eine Einzelperson ist, die respektvoll behandelt wird, oder ob es sich um mehrere Besitzer handelt.*

yah to unkī kitāb hai, na?
dies doch sein/ihres/ihrer Buch ist nicht
Dies ist doch sein/ihr/ihr (Mz) Buch, oder?

Sagte man:
yah to uskī kitāb hai, na?
dies doch sein/ihres Buch ist nicht
Dies ist doch sein/ihr (Ez) Buch, oder?

... so klänge dies sehr unhöflich. Wenn man von einer Person in der dritten Person (als „er" oder „sie") redet, sollte man generell die Mehrzahlform wählen. Die Einzahlform klingt etwas grob und ungehobelt. Weitere Beispiele:

unkā ghar yahāñ se thoṛā dūr hai.
sein/ihr Haus hier von etwas weit ist
Sein/ihr (Ez/Mz) Haus ist etwas weit von hier.

inkī cācī bahut dayālu hai.
seine/ihre Tante sehr gutherzig ist
Seine/ihre (Ez/Mz) Tante ist sehr gutherzig.

Umstandswörter

Die Umstandswörter unterscheiden sich in der Form nicht von den Eigenschaftswörtern:

wah kitnā acchā bajātā hai!
er wieviel gut erklingen-lassend ist!
Wie gut er (das Instrument) spielt!

tum yah bahut sundar banāte ho.
du/ihr das sehr schön machend bist/seid
Das machst du (macht ihr) sehr schön.

dekho, wah kitnā tez caltā hai!
sieh/seht er wieviel scharf/schnell gehend ist
Guck(t) mal, wie schnell der geht!

Viele Waren werden noch per Handkarren **(ṭhelā)** angeliefert

Steigern & Vergleichen

Steigern und Vergleichen kann man im Hindi mit den Worten **aur** (und, mehr) und **sab se** (von allen, von allem mehr).

Um die 2. Steigerungsform zu bilden, wird ein **aur** vor das Fürwort gesetzt, zur 3.Steigerungsform ein **sab se.**

Gesteigert werden können die Eigenschaftswörter sowohl in ihrer männlichen als auch in ihrer weiblichen Form.

acchā (m)	gut
acchī (w)	
aur acchā (m)	besser
aur ācchī (w)	
sab se acchā (m)	am besten
sab se ācchī (w)	

mahangā (m)	teuer
mahangī (w)	
aur mahangā (m)	teurer
aur mahangī (w)	
sab se mahangā (m)	am teuersten
sab se mahangī (w)	

purānā (m)	alt
purānī (w)	
aur purānā (m)	älter
aur puranī (w)	
sab se purāne (m)	am ältesten
sab se purānī (w)	

Das funktioniert ebenso in der Mehrzahl, männlich als auch weiblich:

purāne (m, Mz) **purānī** (w, Mz)	alte
aur purāne (m, Mz) **aur puranī** (w, Mz)	ältere
sab se purane (m, Mz) **sab se puranī** (w, Mz)	die ältesten

yah khāo, yah to aur swādishṭ hai.
dies iss dies doch und lecker ist
Iss dies, dies ist doch leckerer!

merī ghaṛī aur mahangī hai.
meine Uhr und teuer ist
Meine Uhr ist teurer.

Gaṇesh sab se acchā rikshā-wālā hai.
Ganesh allen von gut Riksha-Besitzer ist
Ganesh ist der beste Rikshafahrer (von allen).

Rājā sab se dhanī ādmī thā.
Rājā allen von reich Mann war
Raja war der reichste Mann (von allen).

yah laṛkī to sab se sundar sāṛī pahntī hai.
dies Mädchen doch allen von schön Sari tragend ist
Dieses Mädchen trägt den schönsten Sari (von allen).

Besondere Steigerungsformen

Für die Wörter „gut" und „schlecht" bestehen neben den normalen Steigerungsformen auch Sonderformen, die aber vor allem in der formellen Rede benutzt werden. Der Vorteil ist, dass es keine Unterscheidung zwischen männlicher und weiblicher Form bei dieser Steigerung gibt, und Einzahl und Mehrzahl sind gleich.

acchā (m) / **acchī** (w)	gut
behtar	besser
behtarīn	am besten

kharāb	schlecht
badtar	schlechter
badtarīn	am schlechtesten

wah *taxi* mujhe behtar lagtā hai.
das Taxi mir besser anhaftend ist
Das Taxi dort scheint mir besser zu sein.

Anstelle von **behtar** *ginge aber auch* **aur acchī** *(w, Ez).*

ye santre behtarīn haiñ.
diese Orangen am-besten sind
Diese Orangen sind am besten.

Statt **behtarin** *ginge ohne weiteres* **sab se ācche** *(m, Mz).*

wahāñ ke log badtarīn haiñ.
dort von Leute am schlechtesten sind
Die Leute dort sind die miesesten.

Statt **badtarīn** *kann man auch* **sab se kharāb** *sagen.*

Sollen Gegenstände oder Personen direkt miteinander verglichen werden, so tritt eine kleine Schwierigkeit auf: Die Endungen der verglichenen Gegenstände oder Personen und auch der dazugehörigen Adjektive werden in vielen Fällen verändert. Verglichen wird mit dem Wörtchen **se** (von), und die davor stehenden Hauptwörter und Fürwörter werden verändert. Dies erfolgt nach folgendem Schema:

m, Ez	**-ā** wird zu **-e**
m, Mz	**-e** wird zu **-oñ**
w, Mz	**-iyāñ** wird zu **-iyoñ**

Alle anderen Endungen bleiben unverändert!

merā khānā tumhāre khāne se tīkhā hai.
mein Essen dein Essen von scharf ist
Mein Essen ist schärfer als deins.

yah cāwal to paihle cāwal se ṭhaṇḍā hai.
dies Reis doch erster Reis von kalt ist
Dieser Reis ist ja (noch) kälter als der erste.

Bhārat zyādātar deshoñ se baṛā hai.
Indien meisten Länder von groß ist
Indien ist größer als viele Länder.

tumhāra bhāī mere bhāī se choṭā hai.
dein Bruder mein Bruder von klein ist
Mein Bruder ist jünger als deiner.

Lakshmi shāyad Smitā se akal-mand hai.
Lakshmi vielleicht Smita von intelligent ist
Vielleicht ist Lakshmi intelligenter als Smita.

Verhältniswörter

Zu beachten ist, dass die Verhältniswörter (Präpositionen) im Hindi dem dazugehörigen Hauptwort nachgestellt werden.

... se ... tak	von ... bis ...
... ke ās-pās	ganz in der Nähe von ...
... ke bare meñ	über (*handeln von*) ...
... ke ūpar	über (*räumlich*) ...
... ke bād	nach ...
... ke khilāf	gegen ...
... ke bīc meñ	in der Mitte von ...
... ke bīcoñ-bīc meñ	genau in der Mitte von ...
... ke cāroñ or / taraf	ringsum ...
... ke pīche	hinter ...
... ke sāmne	vor ...
... nīce	unter ...
... ke andar	drinnen in ...
... ke bahar	außerhalb von ...
... par, pe	auf ...
... pās	bei ...
... ke pās	hin zu ...
... ke āge	(weiter) geradeaus von ...
... meñ	in ...
... ke paihle	vor (*zeitl.*) ...
... ke shurū meñ	am Anfang von ...
... ke ant meñ	am Ende von ...
... ke sāth	mit ...
... ke bina, ... ke bagair	ohne ...
... ke bājū	neben ...

Haus auf	**ghar par**	zu Hause
Garten von Mitte in	**bāg ke bīc meñ**	in der Mitte des Gartens
Tür von davor	**darwāze ke sāmne**	vor der Tür

sab kuch samjhā?
Hast du alles verstanden?

Verben & Zeiten

Bei den Verben hat das Hindi wieder einmal eine kleine Extra-Überraschung parat: Die Verbform ändert sich, je nachdem, ob die handelnde Person männlichen oder weiblichen Geschlechts ist. Das mag komisch klingen, gibt dem Inder aber die Möglichkeit, an der Verbform sofort zu erkennen, ob die handelnde(n) Person(en) männlich oder weiblich sind.

Um ein Verb in der Gegenwart zu beugen („im Präsens zu konjugieren"), bedient man sich am besten der Tabelle des Hilfsverbes „sein" **(maiñ hūñ, tū hai** etc.). Man schiebt einfach zwischen die beiden Hindiwörter für „ich bin" etc. die „richtige" Beugeform des Verbs, also z. B. von **khānā** (essen):

Gegenwart

khānā - essen	
maiñ khātā hūñ	ich (m) esse
maiñ khātī hūñ	ich (w) esse
tū khātā hai (m) **tū khātī hai** (w)	du isst (*beim Kind, oder kameradschaftlich*)
ye, wo khātā hai	er isst
ye, wo khātī hai	sie isst
ham khāte haiñ	wir essen
tum khāte ho	du isst (*höflich*) / ihr esst
ye, wo khāte haiñ	sie essen
āp khāte haiñ	Sie essen

Wie erhält man nun die „richtige" Form von **khānā?** Man lässt die Infinitivendung **-nā** wegfallen und hängt an den Stamm **khā-:**

-tā	männliche Form, Einzahl
-te	männliche Form, Mehrzahl
-tī	weibliche Form, Einzahl & Mehrzahl

maiñ khātā hūñ.
ich essend bin
Ich (m) esse.

ham khāte haiñ.
wir essend sind
Wir (m) essen.

calnā - gehen	
maiñ caltā hūñ	ich (m) gehe (usw.)
ham calte haiñ	wir (m) gehen (usw.)
maiñ caltī hūñ	ich (w) gehe
ham caltī haiñ	wir (w) gehen
ye caltī haiñ	sie (w) gehen (usw.)

Zusammengesetzte Verben

Im Hindi gibt es eine Vielzahl zusammengesetzter Verben („compound verbs"), derer man sich besonders in der Umgangssprache gern bedient. Das korrekte Benutzen dieser Verben erfordert eine größere Sprecherfahrung und damit wohl einen längeren Aufenthalt im Lande. Da diese Art von Verben sehr häufig vorkommt, hier eine Liste der geläufigsten.

Die zusammengesetzten Verben werden gebildet aus dem Stamm eines Verbs und der vollen Form eines anderen Verbs, z. B.: **banā denā** = (jemandem etwas) bereiten, machen. **banā** ist der Stamm von **banānā** = machen, **denā** = geben. **banā denā** heißt damit so viel wie „etwas fertigmachen und dann abgeben."

ho jānā	werden
de denā	hergeben
le lenā	hinnehmen
uṭh jānā	aufstehen
rakh denā	halten, verstauen
choṛ denā	sein lassen, aufgeben
ḍāl denā	hinwerfen
kharīd lenā	kaufen
bec denā	verkaufen
gir jānā	hinfallen
khā jānā	aufessen
pī jānā	auf-, wegtrinken

Können

„Können" heißt **saknā.** Es wird dekliniert wie jedes andere Verb, also **maiṅ saktā hūṅ** (ich kann)**, tū saktā hai** (du kannst)**, wah saktā hai** (er/sie/es kann), usw. Wenn **saknā** – im Sinne von „etwas tun können" – mit einem anderen Tätigkeitswort kombiniert wird, so fällt bei letzterem die Infinitiv-Endung **-nā** weg. Beispiele:

maiñ jā saktā hūñ	ich kann gehen
tū khā saktā hai	du kannst essen
wah bol saktā hai	er kann sprechen
wah bol saktī hai	sie kann sprechen
ham gā sakte haiñ	wir können singen
tum paṛh sakte ho	ihr könnt lesen
ye likh sakte haiñ	sie können schreiben
āp gāṛī calā sakte haiñ	Sie können Auto fahren

jānā = *gehen*
khānā = *essen*
bolnā = *sprechen*

gānā = *singen*
paṛhnā = *lesen*
likhnā = *schreiben*
gāṛī calānā = *Auto fahren*

Zur Verneinung wird einfach ein **nahīñ** vor die vorhandene Form von **saknā** gesetzt, und die folgende Form von „sein" **(hūñ, hai, ho haiñ)** kann wegfallen. Also:

maiñ jā nahīñ saktā	ich kann nicht gehen
tū khā nahīñ saktā	du kannst nicht essen
wah bol nahīñ saktā	er kann nicht sprechen
ham gā nahīñ sakte	wir können nicht singen

Vergangenheit

Die Vergangenheit eines Verbs wird gebildet, indem man an den Stamm des Tätigkeitswortes (Tätigkeitswort minus Endung **-nā**) eine Vergangenheitsendung anhängt. Falls der Stamm des Tätigkeitswortes auf einen Konsonant endet, ist diese Endung **-ā** in der männlichen Form bzw. **-ī** in der weiblichen Form. Endet der Stamm auf einen Vokal, so wird für die männliche Form ein **-yā** angehängt, für die weibliche Form ein **-ī**. Beispiele:

Die Vergangenheit bei Verben ist ein kompliziertes Thema, an das wir uns besser ganz vorsichtig herantasten.

Grundform:	**khelnā**	spielen
Stamm:	**khel-**	
Verg.:	**khelā / khelī**	gespielt

Grundform:	**dekhnā**	sehen
Stamm:	**dekh-**	
Verg.:	**dekhā / dekhī**	gesehen

Grundform:	**sunnā**	hören
Stamm:	**sun-**	
Verg.:	**sunnā / sunnī**	gehört

Grundform:	**ānā**	kommen
Stamm:	**ā-**	
Verg.:	**āyā / ayī**	gekommen

Grundform:	**pīnā**	trinken
Stamm:	**pī-**	
Verg.:	**pīyā / piyī**	getrunken
auch: **pī** *(wegen einfacherer Aussprache)*		

Einige kurze, vereinfachte Sätze:

pānī piyā.
Wasser getrunken
Hat/haben getrunken.

khānā khāyā.
Essen gegessen
Hat/Haben gegessen.

paisā kamāyā.
Geld verdient
Hat/haben Geld verdient.

patra likhā.
Brief geschrieben
Hat/Haben Brief geschrieben.

Die furchterregende Göttin Durga

Wichtige Ausnahme:

Das Wort **jānā** („gehen“) bildet eine Ausnahmevergangenheit. „Gegangen“ ist **gayā / gayī** (*nicht* **jāyā**, wie man ansonsten annehmen würde). In der Mehrzahl wird daraus **gaye / gayīñ:**

maiñ gayā.
ich gegangen
Ich (m) bin gegangen.

maiñ gayī.
ich gegangen
Ich (w) bin gegangen.

ham gaye.
wir gegangen
Wir (m) sind gegangen.

ham gayīñ.
wir gegangen
Wir (w) sind gegangen.

Vergangenheitssätze mit Satzgegenstand

Mit den obigen vereinfachten Formen kann man sich durchaus verständlich machen.

Will man die Vergangenheit eleganter und korrekter benutzen, so wird es ein wenig schwierig. Beginnen wir mit der einfachsten Variante, bei der zwei Dinge zu beachten sind:

1.) Dem persönlichen Fürwort wird in der Vergangenheit die Vergangenheitspartikel (VP) **-ne** angehängt. Also aus **maiñ** (ich) wird **maiñne,** aus **tū** wird **tūne,** etc. Ausnahmen sind **yah, wah, ye** und **we;** aus diesem wird **isne, usne, inhoñne** und **unhoñne** respektive:

Vergangenheitsform

maiñ (ich)	→	**maiñne**
tū (du)	→	**tūne**
yah (er/sie/es hier)	→	**isne**
wah (er/sie/es dort)	→	**usne**
ham (wir)	→	**hamne**
tum (ihr)	→	**tumne**
ye (diese hier)	→	**inhoñne**
we (diese dort)	→	**unhoñne**
āp (Sie)	→	**āpne**

(auch höfliche Bez. für Einzelpersonen)

2.) Das Tätigkeitswort richtet sich in der Form je nachdem ob die Satzergänzung männlich, weiblich, Einzahl oder Mehrzahl ist. Die Form des Tätigkeitswortes passt sich der Form der Satzergänzung an.

maiñne ek ādmī dekhā.
ich(+VP) ein Mann gesehen
Ich habe einen Mann gesehen.

(Satzergänzung **ādmī** *männlich)*

maiñne ek laṛkī dekhī.
ich(+VP) ein Mädchen gesehen
Ich habe ein Mädchen gesehen.

(Satzergänzung **laṛkī** *weiblich)*

tumne cāwal khāyā.
ihr(+VP) Reis gegessen
Ihr habt Reis gegessen.

(Satzergänzung **cāwal** *männlich)*

hamne ek kawitā sunnī.
wir(+VP) ein Gedicht gehört
Wir haben ein Gedicht gehört.

(Satzergänzung **kawitā** *weiblich)*

kal maiñne do seb khāye.
gestern ich(+VP) zwei Apfel gegessen
Gestern habe ich zwei Äpfel gegessen.

Bitte recht freundlich: Die meisten Inder muss man nicht lange zum Fototermin bitten

„do seb“ ist Mehrzahl, und das Hauptwort **seb** ist männlich, also wird die Vergangenheitsform des Tätigkeitsworts in die männliche Person Mehrzahl gesetzt **(khāye).**

Ebenso: **āpne kāī khiṛkiyāñ kholī.**
Sie(+VP) einige Fenster geöffnet
Sie haben mehrere Fenster geöffnet.

khiṛkiyāñ ist Mehrzahl und weiblich, folglich ist auch die Form des Tätigkeitswortes **kholnā** (öffnen) Mehrzahl und weiblich **(kholī).**

Das soll für dieses Thema, eines der unangenehmsten Kapitel der Hindi-Grammatik, genügen. Viele Inder vereinfachen sich die Sache im „Straßengebrauch“ und benutzen *immer* die männliche Einzahlperson, also in den obigen Fällen **dekhā, khāyā, sunnā** und **kholā.** Bei **saknā** = können wird keine Vergangenheitspartikel benutzt, und die Vergangenheitsform von **saknā** wird nicht dem Satzgegenstand angepasst, sondern richtet sich nach der Person, auf die sie sich bezieht:

maiñ jā sakā.
ich geh- konnte
Ich konnte gehen.
(Sprecher männlich!)

wah usko dekh sakā.
er ihn/sie seh- konnte
Er konnte ihn/sie sehen.
(handelnde Person männlich!)

maiñ jā sākī.
ich geh- konnte
Ich konnte gehen.
(Sprecher weiblich!)

wah usko dekh sakī.
Sie ihn/sie seh- konnte
Sie konnte ihn/sie sehen.
(handelde Person weiblich!)

die Vergangenheit von „sein“

männlich	
maiñ thā	ich war
tū thā	du warst
yah, wah thā	er, es war
ham the	wir waren
tum the	du, ihr wart
ye, we the	sie waren
āp the	Sie waren

weiblich	
maiñ thī	ich war
tū thī	du warst
yah, wah thī	sie, es war
ham thīñ	wir waren
tum thīñ	du, ihr wart
ye, we thīñ	sie waren
āp thīñ	Sie waren

Zukunft

Für die Zukunftsform hängt man folgende Endungen an den Verbstamm:

männlich		weiblich	
ich	**... -ūngā**	ich	**-ūngī**
du	**... -egā**	du	**-egī**
er, es	**... -egā**	sie, es	**-egī**
wir	**... -enge**	wir	**-eñgī**
ihr	**... -oge**	ihr	**-ogī**
sie	**... -enge**	sie	**-eñgī**
Sie	**... -enge**	Sie	**-eñgī**

karnā (Stamm: **kar-**)	machen
maiñ kar-ūngā	ich (m) werde machen
maiñ kar-ūngī	ich (w) werde machen

lenā (Stamm: **le-**)	nehmen
wo le-gā	er wird nehmen
wo le-gī	sie wird nehmen

jānā (Stamm: **jā-**)	gehen
ham jā-enge	wir (m) werden gehen
ham jā-eñgī	wir (w) werden gehen

Sehr oft wird **calegā** *benutzt im Sinne „das geht schon in Ordnung", „geht klar".*

Eine der meist gehörten Zukunftsformen ist: **calegā,** „er/sie/es wird gehen", von **calnā** (gehen).

sab kuch calegā.
alles etwas wird-gehen
Absolut alles geht klar/wird klar gehen.

Viele Inder antworten in diesem Falle scherzhaft mit **dauṛegā!,** *„es wird rennen!" (Infinitiv* **dauṛnā** *= rennen). Das ist ein beliebtes kleines Wortspiel, das „gehen" wird durch „rennen" ersetzt. Soll heißen: Ja, das klappt auf jeden Fall!*

Auf die Frage **calegā?** („wird es gehen?/OK sein?") kann man natürlich antworten:

hāñ, calegā!
ja wird-gehen
Ja, das geht schon OK.

Sehr gerne sagen die Inder, in der Gegenwartsform von **calnā**:

Bhārat meñ sab kuch caltā hai.
Indien in alles etwas gehend ist
In Indien ist alles möglich.

Göttliche Ruhepause: Asket **(sādhu)** auf der Ufermauer des Marine Drive in Mumbai

Mögen und Sollen

Etwas tun sollen / mögen wird ausgedrückt, indem von der Zukunftsform einfach die Endung **-gā** bzw. **-gī** weggelassen wird:

maiñ karūñ	ich möge/solle tun
tū kare	du mögest/sollst tun
wah / yah kare	er/sie/es möge/solle tun
ham kareñ	wir mögen/sollen tun
tum karo	ihr mögt/sollt tun
āp kareñ	Sie sollen/mögen tun

āp yahāñ jāeñ.
Sie hier gehen-mögen.
Vielleicht gehen Sie (am besten) hier (her).

shāyad ham yah nahīñ khāeñ?
vielleicht wir dies nicht essen-sollen
Vielleicht sollten wir dies besser nicht essen?

kāsh ki tum yah nahīñ karo.
Wunsch dass du dies nicht tun-mögest
Ich wünschte, du würdest dies nicht tun.

Vom Besitzen

Statt „ich habe" sagt der Inder „bei mir ist":

mere pās bahut nāyā māl hai.
mir bei sehr neu Ware ist
Ich habe ganz neue Ware.

tumhāre pās sab kuch kacrā hai.
dir bei alles etwas Schrott ist
Du hast so ziemlich alles Schrott.

An den Auslassungspunkten kann man nun jedes beliebige Hauptwort einsetzen!

mere pās ... hai	ich habe ...
tere pās ... hai	du hast ...
iske pās ... hai	er, sie, es (*hier*) hat ...
uske pās ... hai	er, sie, es (*dort*) hat ...
hamāre pās ... hai	wir haben ...
tumhāre pās ... hai	du(*respektv.*), ihr habt ...
inke pās ... hai	sie(*hier*) haben...
unke pās ... hai	sie (*dort*) haben
āpke pās ... hai	Sie haben ...

wālā

Man kann den Besitz aber auch noch anders ausdrücken, und das klingt ganz umgangssprachlich-locker, so als wäre man schon ewig im Land:

Gaṇesh ek *first-class* rikshā-wālā hai.
Ganesh ein erstklassig Riksha-Besitzer ist
Ganesh ist ein 1a Riksha-Fahrer.

dukān-wālā hameshā sotā hai.
Laden-Besitzer immer schlafend ist
Der Geschäftsinhaber schläft immer.

Wenn man ausdrücken will, dass irgend jemand etwas besitzt, dann hängt man einfach das Wort **wālā** an das, was er besitzt! Also:

rikshā-wālā	Rikshafahrer
dukān-wālā	Ladeninhaber
pān-wālā	Betel-Verkäufer
dūdh-wālā	Milchmann

Man kann in Indien ruhig von sich behaupten:

maiñ paisā-wālā hūñ.
ich Geld-Besitzer bin
Ich habe einen Haufen Geld.

Aufgepasst: Man muss (oder sollte) **wālā** in **wālī** abändern, wenn die „besitzende" Person eine Frau ist:

mujhe afsos hai, merī bahin shādī-wālī hai.
mir Leid ist meine Schwester Heirat-habend ist
Tut mir Leid, meine Schwester ist schon verheiratet.

Mit den **wālā/wālī**-Wortschöpfungen haben wir dem Volk so richtig auf's Maul geschaut.

Lassen Sie Ihrer Fantasie freie Bahn und kreieren Sie jetzt ein paar eigene Kombinationen:

Das Wort **wālā** *kommt in den ulkigsten Kombinationen vor. Wissen Sie, was ein* **polish-wālā** *ist? Na klar, der Schuhputzer, was denn sonst! (von engl. „to polish" – polieren). Oder haben Sie eine Ahnung, was ein* **ḍabbā-wālā,** *ein „Büchsen-Besitzer", ist? Das ist jemand, der in einem Henkelmann heißes Essen vorbeibringt. (Diesen Service gibt es aber eigentlich nur in Mumbai.) Das* **wālā** *lässt sich also an so ziemlich alles anhängen.*

(In der etwas gehobeneren Sprache sagt man statt **shādī-wālī** *besser* **shādī-shudā** *= verheiratet).*

dimāg-wālā ho!
Gehirn-Besitzer sei
Zeig dein Hirn!

Statt „ich weiß“ sagt der Inder „mir ist bekannt“:

wissen

yah ādmī mujhe bilkul mālūm nahīñ.
dieser Mann mir gänzlich bekannt nicht
Ich kenne diesen Mann überhaupt nicht.

Man kann diesen Satz auch anders sagen:

yah ādmī maiñ bilkul pahcantā nahīñ.
dieser Mann ich gänzlich erkenne nicht
Diesen Mann kenne ich überhaupt nicht.

Seit Januar 1986 heißt Bombay offiziell **Mumbai.** *Dieses ist der alte Name der Stadt, der der Regionalsprache Marathi entstammt und wahrscheinlich vom Namen der Göttin* **Mumbadevi** *herrührt.*

tumko mālūm hai, ki Bombay ka nām badal gayā?
dir bekannt ist dass Bombay von Name (sich-)ändern gegangen
Weißt du, dass der Name von Bombay geändert wurde?

Der Inder sagt nicht „ich muss arbeiten“, sondern „mir ist zu arbeiten“:

müssen

mujhe sawere se shām tak kām karnā hai.
mir morgens von abends bis Arbeit machen ist
Ich muss von morgens bis abends arbeiten.

tumko roz kam-se-kam ek bār nahānā hai.
dir, euch täglich mindestens einmal baden ist
Du musst dich/Ihr müsst euch mindestens einmal am Tag waschen.

Auffordern & Befehlen

Befehle kann der Inder höflich, respektvoll oder aber auch grob und unfreundlich erteilen. Dazu stehen ihm fünf verschiedene Befehlsformen zur Verfügung. Den einfachsten (und auch am wenigsten höflichen Imperativ) erhält man, indem man lediglich den Infinitiv eines Tätigkeitswortes befehlend ausspricht. Zum Beispiel:

lānā	bringen	**lānā!**	Bringe!
denā	geben	**denā!**	Gib!
usw.		**cāy lānā!**	Bring Tee!

Ein bisschen spiegelt diese Vielfalt der Befehlsformen vielleicht die strengen sozialen Hierarchien, die es trotz der offiziellen Abschaffung des Kastenwesens noch gibt, wider. Zu einigen Leuten kann man schon etwas raubeiniger sein, andere dagegen müssen respektiert werden ...

Will man höflicher sein, so bedient man sich der folgenden Befehlsformen. Man hängt dafür an den Stamm eines Tätigkeitswortes (Tätigkeitswort minus Endung **-nā**) die gewünschte Nachsilbe.

lā-o! / lā!	Bring mal (bitte)!
lā-iye!	Bringen Sie bitte!
lā-iega!	Würden Sie bitte bringen!

calnā gehen (Stamm **cal-**)	
cal-o! / cal!	Geh!
caliye!	Gehen Sie bitte!
cal-iegā!	Würden Sie bitte gehen!

Es gibt noch eine Reihe von Ausnahmen, bei denen die höflichen Befehlsformen unregelmäßig gebildet werden. Wenn man aber immer auf unser erstes Beispiel **(lānā!)** *zurückgreift, liegt man grammatisch niemals falsch!*

Zahlen & Zählen

Die Zahlen sind leider sehr unregelmäßig, und da hilft nur stures Auswendiglernen oder das Schielen ins Buch.

Wer die exakten Zahlen beherrschen möchte – und bei den Indern damit sicher ungeheuren Eindruck schinden wird – kann sich mit den Seitenzahlen in diesem Buch behelfen.

1 **ek**	16 **solah**
2 **do**	17 **sattrah**
3 **tīn**	18 **aṭṭhārah / aṭhārah**
4 **cār**	19 **unniss**
5 **pāñc**	20 **bīs**
6 **chah** *(sprich etwa:* **tschäh)**	21 **ikkīs**
7 **sāt**	22 **bāīs**
8 **āṭh**	23 **teīs**
9 **nau**	24 **caubīs**
10 **das**	25 **paccīs**
11 **gyārah**	26 **cabbīs**
12 **bārah**	27 **sattāīs**
13 **terah**	28 **aṭṭhāīs / aṭhāīs**
14 **caudah**	29 **untīs**
15 **pandrah**	30 **tīs**

Hiernach wird's erst wirklich schwer, und es reicht, wenn Sie die Zehner beherrschen:

Die Bezeichnungen **lākh** *und* **kroṛ** *kommen in Indien sehr häufig vor. Ein Inder wird niemals von einer halben Million reden, immer von* **pāñc lākh!**

40 **cālīs**	101 **ek sau ek**
50 **pacās**	111 **ek sau gyārah**
60 **sāṭh**	1000 **(ek) hazār**
70 **sattar**	2000 **do hazār**
80 **assī**	100 000 **ek lākh**
90 **nabbe, nawwe**	10 000 000 **ek kroṛ**
100 **(ek) sau**	100 Mio. **ek arab**

ek bār	ein Mal
do bār	zwei Mal (usw.)

Da die Zahlen von 30 - 99 nicht sehr leicht zu lernen sind, kann man sich auch anders behelfen, indem man die Zahlen zusammensetzt. Will man z. B. „57“ sagen, macht man daraus:

pacās aur sāt
fünfzig und sieben
siebenundfünfzig

Bruchzahlen

Einige kommen sehr häufig vor:

1/2	**ādhā**
1 1/4	**sawā / sawā ek**
2 1/4	**sawā do**
3 1/4	**sawā tīn** usw.
1 1/2	**ḍeṛh**
2 1/2	**aḍhāī / ḍhāī**

Danach wird es wieder regelmäßig:

3 1/2	**sāṛhe tīn**
4 1/2	**sāṛhe cār**
5 1/2	**sāṛhe pāñc**
3/4	**paun**
1 3/4	**paune do**
2 3/4	**paune tīn** (usw)

Zeit & Datum

Es ist eine gute Übung, in Hindi nach der Uhrzeit zu fragen:

Sollte es hier Missverständnisse geben, kann man immer noch auf Gesten oder „Hände und Füße" zurückgreifen.

kitnā / kyā bajā hai?
wie-viel / was geschlagen ist
Wie spät ist es?

ṭaim kitnā hāu?
Zeit wieviel geworden
Wie spät ist es?

abhī tīn bajkar āṭh miniṭ hāu.
jetzt drei geschlagen acht Minuten geworden
Es ist jetzt drei Uhr und acht Minuten.

lagbhag sawā (ek) bajā hai.
etwa eins-fünfzehn ist
Es ist so etwa 1 Uhr 15.

do baje hai.
zwei geschlagen ist
Es ist 2 Uhr.

merī ghaṛī ṭhīk nahīñ.
meine Uhr gut nicht
Meine Uhr ist nicht in Ordnung.

shām ko nau baje.
abends zum 9 geschlagen
abends um 9 Uhr

subah/sawere sāt baje.
morgens 7 geschlagen
morgens um 7

mujhe chah baje ko uṭhāo!
mich sechs geschlagen um wecke!
Wecke mich um sechs Uhr!

gāṛī ṭhīk samay meñ āegī?
Zug/Bus gute Zeit in wird-kommen
Kommt der Zug/Bus pünktlich?

Der Marine Drive in Mumbai ist wichtige Verkehrsader und noble Wohnstraße zugleich

gāṛī der-se āegī.
Zug/Bus Verspätung mit wird-kommen
Der Zug/Bus kommt mit Verspätung.

ghañṭā	Stunde
miniṭ	Minute
sekoñḍ	Sekunde
din, diwas	Tag
haftā	Woche
mahinā	Monat
subah, sawerā	Morgen
dopahar, dupahar	Mittag
tīsrā pahar	Nachmittag
shām	Abend
rāt, rātri	Nacht
ādhī rāt, madhya rāt	Mitternacht
sūryoday	Sonnenaufgang
sūryāst	Sonnenuntergang

Der Sinn von **kal** *oder* **parsoñ** *kann nur aus dem Zusammenhang erschlossen werden!*

sāl	Jahr
āj	heute
kal	gestern/morgen (!)
parsoñ	vorgestern/übermorgen(!)
jaldī, turant	bald
subah-subah, subah-sawere	ganz früh morgens
rāt ke bīc meñ	mitten in der Nacht
der-saber, der-sawer	früher oder später

Eine der größten Merkwürdigkeiten des Hindi ist, dass es sowohl für „gestern" und „morgen" als auch für „vorgestern" und" übermorgen" jeweils nur eine Vokabel gibt. Es gibt wohl keinen besseren Beweis, wie sehr der Inder im Hier und Jetzt lebt! Was nicht jetzt ist, ist entweder vergangen oder im Kommen und damit nicht so wichtig!

janwārī	Januar
farwārī	Februar
mārc	März
aprail	April
māī	Mai
jūn	Juni
julāī	Juli
āgast	August
siṭambar	September
aktūbar	Oktober
nawambar	November
disambar	Dezember

som-wār	Montag
mangal-wār	Dienstag
budh-wār	Mittwoch
guru-wār	Donnerstag
shukra-wār	Freitag
shani-wār	Samstag
rawi-wār, it-wār	Sonntag

der erste Januar	**paihilī janwārī**
der zweite Januar	**dūsrī janwārī**
der dritte Januar	**tīsrī janwārī**
der vierte Januar	**cauthī janwārī**
der fünfte Januar	**pāñcwī janwārī**
der sechste Januar	**chahṭhī janwārī**

Von hier an wird es regelmäßig: Man hängt einfach an das gewünschte Zahlwort ein **-wīñ**.

sieben	**sāt**
der siebte	**sātwīñ**
acht	**āṭh**
der achte	**āṭhwīñ** usw.

Will man sagen „am dritten Januar", so stellt man einfach **ko** hinten an:

am dritten Januar	**tīsrī janwārī ko**
am vierten Januar	**cauthī janwārī ko**
am fünften Januar	**pāñcwī janwārī ko** usw.

Sie können nun genug Hindi, um sich ins indische Alltagsleben zu stürzen, aber vielleicht ist es besser, noch ein paar Verhaltenstipps zu geben. Schließlich will man ja nicht als ***būddhū*** *(Dummkopf) in jede Peinlichkeit tapsen, oder?*

Frau im Blick: Der Umgang mit dem weiblichen Geschlecht erfordert oft viel Fingerspitzengefühl

Mini-Knigge

Es gibt für jedes Land, das man als Tourist bereist, einige nützliche Tipps, wie man sich angemessen verhalten kann. Beginnen wir mit der Kleidung: Wenn Westler indische Kleidung tragen wie **kurtā** (Baumwollhemd) und **pajāmā** (weite Hose) oder vielleicht sogar einen Sari, was letzten Endes aber doch seltener vorkommt, dann sehen die meisten Inder dies nicht ungern. Bei der Kleidung der Inder ist ein Unterschied zu machen zwischen Männern und Frauen. Heutzutage tragen viele indische Männer in den Städten sowohl im Geschäftsleben als auch im Privaten westliche Kleidung. Selbst auf dem Land trifft dies auf einen nicht unerheblichen Teil der männlichen Bevölkerung zu. Die jüngeren Frauen in den Städten aber sieht man eher selten in westlicher Kleidung. Auch im Geschäftsleben tragen sie eher die traditionelle **kurtā.** Bei speziellen Anlässen, so z. B. bei Hochzeiten, Festspielen oder anderen kulturellen Anlässen tragen nach wie vor viele indische Frauen und Männer, ob jung oder alt, ihre farbenprächtige traditionelle Kleidung. Als Gast bei einer indischen Familie kann man sich sowohl westlich als auch indisch kleiden, ohne den Respekt zu verlieren.

Jeder Inder wird angenehm von Ihnen überrascht sein, wenn Sie besonders nett und höflich zu alten Menschen sind. Schließlich verehrt der Inder seine Eltern lebenslang mit nimmermüder Hingabe. Ein Sohn würde es niemals wagen, in der Gegenwart seines Vaters zu rauchen oder zu trinken, das wäre eine bodenlose Respektlosigkeit. Ältere Frauen redet man mit **māñ** oder **mātājī** (Mutter) an, ältere Männer mit **pitājī** (Vater), das bezeugt Respekt. Statt **pitājī** sollte niemals das Wort **bāp** verwendet werden, das zwar auch „Vater" bedeutet, aber eine Beleidigung darstellen kann, da das Wort oft in unflätigen Reden verwendet wird!

Da Inder auf Grund der sozialen Situation gezwungen sind, sehr eng aufeinander zu hocken – wer einmal mit einem Vorortzug in Mumbai gefahren ist, weiß, was ich meine –, haben sie weniger Scheu, Menschen zu berühren. Wenn Sie also ein Bettler berührt, oder irgendwer Sie an der Hand zieht, fahren Sie nicht aus der Haut. Bei uns würde man zwar nie einen Fremden so anfassen, in Indien ist es ganz normal! Zärtlichkeiten zwischen Paaren werden dagegen nicht gern gesehen. Zumeist fühlt man/frau sich in den moralischen Unterleib getreten, und wahrscheinlich erntet man jede Menge kindliches Gekicher dazu.

Übrigens: Männer, die sich bei der Hand halten, sind nicht automatisch als schwul anzusehen! In Indien ist es ganz normal, wenn zwei Freunde eines Geschlechts Hand in Hand spazierengehen!

Frauen, die sich auf der Straße zärtlich zeigen, werden als „käuflich" angesehen und brauchen sich über weitere Angebote nicht zu wundern. Die Denkweise der Anbieter: Wenn die das mit dem macht, dann macht sie's auch mit mir!

Dass Beamte die inkarnierte Sturheit sind, ist allgemein bekannt, und die indischen sind beileibe keine Ausnahme. Zeigen sich Beamte (bei Visaverlängerungen, Verlustmeldungen etc.) absolut unkooperativ, auf keinen Fall durchdrehen und rumschreien! Man macht sich nur lächerlich und Sie bekommen erst recht nicht, was Sie brauchen! Unbedingt freundlich bleiben, Zigaretten anbieten, ein Geschenk (z. B. Kugelschreiber, Feuerzeug etc.) mitbringen oder zu einem Umtrunk nach Feierabend einladen! So hat man wenigstens noch eine Chance, dass alles klappt.

Erkundigen Sie sich nach dem Namen des Beamten und beginnen Sie ein gemütliches Geplauder über seine Kinder, das schafft eine angenehme Atmosphäre. Niemals ausrasten und auf die indische Bürokratie schimpfen!

Inder sind untereinander gnadenlos hart im Verreißen ihres eigenen Landes. Man meckert über den Dreck, den chaotischen Verkehr und wer weiß was noch alles. Als Fremder sollte man aber nie den Fehler begehen, Indern gegenüber zuviel Kritik zu üben, Inder sind da sehr empfindlich, und vielleicht zieht sich Ihr Gegenüber nach ein paar Höflichkeitsfloskeln beleidigt zurück.

Die Inder werden einem im Allgemeinen mit sehr viel gutem Willen entgegenkommen. Machen Sie es genauso und verbeißen Sie sich allzu harte Kritik.

Indien kann sehr laut sein. Wenn man gerade schlafen will und im Nebenzimmer tobt eine fröhliche Kinderschar – vergessen Sie die Beschwerde! Inder leben in Großfamilien auf engstem Raum zusammen und können in der größten Kakophonie wunderbar schlafen. Wenn man sich dann beschwert, dass es zu laut ist, wird man nur Unverständnis ernten!

Man wird pausenlos angesprochen und dieses und jenes gefragt, denn Inder sind extrem gesellig und kommunikationfreudig. Da man häufig dieselben Fragen gestellt bekommt, kann das schnell zu einer Sättigung führen, nach der man mit keinem mehr reden möchte. Damit macht man sich nicht sehr beliebt, und man wird schnell für einen arroganten westlichen Schnösel gehalten. Reden Sie mit den Leuten! Wofür sind Sie schließlich ins Land gekommen? Inder sind Spaßvögel, und man kann herzlich mit ihnen lachen!

Schuhe sind das „Unterste", und die indische Art des Spießrutenlaufens ist, jemanden auf einen Esel zu binden und ihm eine Kette aus Schuhen umzuhängen! Wirft man bei uns faule Eier und Tomaten auf die Bühne, schleudert der Inder seine abgetragenen Latschen!

Wie in vielen asiatischen Ländern ist die linke Hand unrein, da diese für alle Dinge unterhalb der Gürtellinie benutzt wird. Man gibt also nie die linke Hand und fasst keine Nahrung damit an! Die Schuhe sind in einem traditionellen indischen Haushalt vor der Tür zu lassen, und berühren Sie niemanden mit Ihren Schuhen!

Vor dem Essen hat man sich die Hände zu waschen und ebenso danach. Da häufig mit der Hand gespeist wird (vielleicht mit Bananenblättern als Teller!), ist diese Regel unerlässlich!

Spucken **(thūknā)** ist in der Öffentlichkeit nicht verpönt, es sei denn in Bussen, Zügen etc. Gelegentlich warnen Schilder:

thūknā manā hai!
Spucken verboten!

Körpersprache

Wo wir oft viele Worte machen müssen – in Indien reicht eine knappe Geste. Inder sind sehr feinfühlig und spüren instinktiv, was man will.

Es gilt nicht als unhöflich, jemanden durch eine stumme Geste heranzuwinken oder auf eine Ware zu zeigen.

Sollte man einmal eine **thālī** essen, bei der die leergegessenen Schüsseln immer wieder aufgefüllt werden, so reicht es, wenn man wortlos auf die Schüssel zeigt. Der Kellner wird Sie verstehen und nachfüllen. Den Kellner kann man aber auch „rufen". Dazu schnalzt man mit der Zunge, als wolle man die Balzrufe einer seltenen Vogelart imitieren. Diese Methode ist sehr verbreitet, um jemanden auf sich aufmerksam zu machen oder herbeizuholen.

Herbeiwinken kann man jemanden, indem man den rechten Arm mit der Handfläche nach unten ausstreckt. Dann wird die Hand mehrmals schnell hintereinander geschlossen und geöffnet und mit dem Arm Ziehbewegungen gemacht. Oft wird diese Geste noch durch das Schnalzen unterstützt.

Indische Autofahrer haben die linke Hand am Steuer und die rechte baumelt aus dem offenen Fenster (Rechtssteuerung, da Linksverkehr!). Mit dieser Hand geben sie anderen Verkehrsteilnehmern Signale, so dass man fast gänzlich ohne Verkehrszeichen auskommt. So chaotisch der Verkehr auch aussieht, irgendwie geht doch meistens alles gut!

Als Zeichen tiefer Demut wirft sich der Hindu (85 % der Inder sind Hindus) vor seinem Gott in den Staub. Ein Arbeiter, der seinen

Boss verärgert hat, mag sich ebenso vor diesem niederstrecken und vielleicht – zum Zeichen absoluter Ergebenheit – noch dessen Fuß aufs eigene Haupt plazieren. Es kann einem durchaus passieren, dass sich ein Bettler gleicherart zu Füßen legt – eine dem Westler ungewohnte und unangenehme Situation, aus der man nur mit viel Fingerspitzengefühl sauber herauskommt. Versuchen Sie es mit den Worten **aise mat karo, maiñ to koī bhagwān nahīñ hūñ ...** – „Mach das nicht! Ich bin doch kein Gott ..."

Verbreiteter als die obige Geste ist aber das leicht versteckte Zeigen eines gekrümmten Zeigefingers. Der Vollständigkeit halber sei erwähnt, dass sich Damen dieser Geste nicht bedienen können ...

Eine weitaus lustigere Geste möchte ich zum Schluss beschreiben. Was kann es bedeuten, wenn jemand mit seinem Zeigefinger um sein rechtes Ohr herumfährt, als wolle er sich die Haare dahinterschieben? Eine alte Regel besagt, dass die Brahmanenschnur, die alle Brahmanen (höchste Kaste) tragen (sollten!), zum Stuhlgang und Wasserlassen nicht um den Bauch hängen darf. Also wurde die Schnur bei den oben genannten Gelegenheiten nach oben gezogen und hinters Ohr geklemmt. Daher heute die Bedeutung der Geste: Pinkeln gehen!

Begrüßen & Danken

Die in Indien gebräuchlichen Begrüßungen sind **namasté!** und **namaskār!** Beide können alles mögliche bedeuten: „Guten Morgen", „Guten Tag.", „Guten Abend.", „Seien Sie mir gegrüßt." und sogar „Auf Wiedersehen."

namasté! und **namaskār!** werden gesprochen, während die Hände vor der Brust oder auch der Stirn respektvoll zusammengelegt werden, dabei wird der Kopf leicht gesenkt. Diese Art der Begrüßung ist allerdings sehr formell und wird eigentlich nur Respektspersonen gegenüber gebraucht. Diese können sein: die Eltern, der ältere Bruder, der Arbeitgeber, ein sozial Höhergestellter, eine einflussreiche Person oder der **guru.**

Im ländlichen Indien begüßt man sich vielerorts mit **rām! rām!** und den ebenfalls zusammengelegten Handflächen. **rām** ist der Hindugott **Rama,** und der Sinn dieser Begrüßung liegt darin, dass man annimmt, dass das Hören und Aufsagen eines der vielen Götternamen dem Sprecher und dem Hörer ein gutes **karma** verschafft. Wer schon mal etwas von den Mantras **(mantra),** den zu wiederholenden heiligen Versen, gehört hat, wird die Ähnlichkeit erkennen: Auch diese, die zum großen Teil aus den heiligen Namen der Götter bestehen, sollen einen positiven Einfluss auf den, der sie rezitiert, ausüben.

Das Wort **guru** *bezeichnet üblicherweise jede Art von Lehrmeister, sei es der Sanskrit-Lehrer, der Lehrer indischer klassischer Musik oder auch der spirituelle Lehrer. Leider hat der Begriff auf Grund der Eskapaden einiger schwarzer Schafe bei uns mittlerweile einen recht dubiosen Beiklang.*

die Anrede

Mit einem Smartphone können Sie sich die mit einem 👂 gekennzeichneten Sätze dieses Kapitels anhören. Scannen Sie einfach den QR-Code mit Hilfe einer kostenlosen App (z. B. „Barcoo" oder „Scanlife").

māñ, mātā-jī	Mutter; zu älteren Frauen
pitā-jī	Vater; zu älteren Männern
beṭī	Tochter; zu jungen Mädchen, Kindern
beṭā	Sohn; zu Jungen, Kindern (m)
ankel (*uncle*)	Onkel *(von Kindern oder Jugendlichen zu Erwachsenen)*
bahin	Schwester *(sprich etwa:* **behn***)* *(an weibl. Person, die vom Alter etwa die Schwester sein könnte)*
bhāī	Bruder *(an männl. Person, die vom Alter etwa der Bruder sein könnte)*
sahib, bābū	Herr *(sprich etwa* **sāb***)*
bābā bābā-jī	Väterchen *(auch Anrede für Yogis, Asketen etc.)*
shrīmatī	Frau ...
shrī, shrīmān	Herr ...

Häufig sind die Inder sehr formlos und begrüßen sich ohne großartige Floskeln oder vielleicht mit einem **aré yār, Ramesh!** – „Also Mensch, Ramesh ...", wobei im Unterton so etwas mitschwingt wie „Mann, wo kommst du denn her, lange nicht gesehen, etc."

👂 **aré dost!, aré yār!**	He, Kumpel!
👂 **āo na**	Komm doch mal her!
👂 **ātā hai?**	Kommst du?
👂 **kyā bāt hai?**	Was ist los?

kyā huā?	Was ist passiert?
Kyā khabar hai? **kyā samācār hai?**	Was gibt's Neues?
kaisā hai?	Wie steht's?
caltā hai.	Geht so.
ṭhīk-ṭhāk hai?	Alles in Ordnung?
kahāñ gayā?	Wo warst du denn?
khāo-pīo, na!	Greif doch zu! (Iss, trink!)
khānā khāyā?	Schon gegessen?
aré wah, tum kahāñ se āye?	Ja Mensch, wo kommst du denn her?
aré sālā!	Mensch, du Mistkerl!

(unter guten Freunden OK, ansonsten schwere Beleidigung!) Die weibl. Form **sālī** *(Schwägerin, Schwester der eigenen Ehefrau) wird nur sehr selten als Schimpfwort gebraucht.*

Die Frage **khānā khāyā?** *– „Schon gegessen?" ist überraschenderweise eine der ersten, die einem gestellt werden. Mir wurde erzählt, dass sie das Überbleibsel einer Hungersnot ist, in der sich jeder neidvoll erkundigte, ob der andere schon etwas im Magen habe.*

Das mit dem **sālā** ist eine heikle Sache: Eigentlich bedeutet es „Schwager" oder genauer gesagt „Bruder der eigenen Ehefrau" und ist eine der übelsten Beleidigungen. Der Grund: Bezeichne ich jemanden als **sālā,** bin ich also mit seiner Schwester verheiratet. Da ich es folglich mit seiner Schwester treibe, hat er beleidigt zu sein! Einen Fremden als **sālā** zu bezeichnen, kann mit bösen Folgen für den unbedachten Sprecher enden.

Unter guten Freunden wird der Ausdruck aber sehr häufig gebraucht, und dann bedeutet er lediglich „Du Dreckskerl, Schweinehund etc." Alles im freundschaftlichen Sinne, versteht sich!

Danke

Das mit dem indischen „Danke" ist so eine Sache. Zwar gibt es gleich zwei Ausdrücke dafür, bloß werden sie nur wenig benutzt.

Eine indische Mutter sagte mir einmal: Wie könnte mein Sohn „Danke" zu mir sagen, wenn die Fürsorge einer Mutter doch selbstverständlich ist. Das „Danke" ist im Herzen ...

shukriyā, dhanyawād — Danke.

shukriyā und **dhanyawād** sind so ein bisschen künstlich herbeigezogene Begriffe, die man wohl hergeholt hat, da alle anderen Sprachen über Dankesbezeugungen verfügen. Im allgemeinen wirken beide Ausdrücke sehr steif und deplaziert. Der Inder bedankt sich viel eher ohne Worte, durch eine Geste z. B. oder einen „dankenden" Blick. Sehr häufig hört man dagegen das „Thank you.", das ein Inder aber auch in völlig unpassenden Situationen gebraucht, da er nie richtig gelernt hat, mit dem „Danke" umzugehen. Beispielsweise bedanken sich oft Bettler, die gar nichts bekommen haben – nicht aus Höflichkeit, sondern um die Peinlichkeit zu überspielen.

Restaurantbesucher in Mumbai

Streitigkeiten?

Es kann immer mal vorkommen, dass man von einem aufdringlichen Bettler verfolgt wird, ein Basarhändler nervt, einem – als Frau – ans Hinterteil gefasst wird, oder man eine fremde Hand in der Hosentasche spürt. Für solche Fälle sollte man nicht mundtot sein:

jāo! jaldī! *geh! schnell!*	Mach, dass du wegkommst!
cal, fuṭ! *geh, hinweg!*	Mach dich davon!
cal, hawā āne de! *Geh, Luft kommen gib!*	Los, verschwinde von hier!
haṭ! hāth mat lagāo! *Zurückweiche! Hand nicht anlege!*	Weg! Fass mich nicht an!
maiñ pulis lāta hūñ! *ich Polizei holen bin!*	Ich hole die Polizei!
maiñ pulis bulāungā / -ī! *ich Polizei rufen werde!*	Ich rufe die Polizei! (Sprecher m/w)
cor! cor! *Dieb! Dieb!*	Haltet den Dieb!
bhāṛ meñ jāo! *Ofen in geh!*	Fahr zur Hölle!
tū (ek) badmāsh hai! *du Schurke bist!*	Du bist ein Schurke!
chuṭṭā do! *Wechselgeld gib!*	Gib das Wechselgeld heraus!
āpne pūrā paisā nahīñ diyā! *Sie ganz Geld nicht gaben!*	Sie haben mir nicht das ganze Geld herausgegeben!

Das Wort **car sau bīs** *bedeutet eigentlich „420". Im heutigen Sprachgebrauch steht es aber für „Betrüger", da es im indischen Strafgesetzbuch einen § 420 für Betrug gibt!*

tū (ek) cār sau bīs hai!
du (ein) vier hundert zwanzig bist!
Du bist ein Betrüger!

mujhe bakrā mat banāo!
mich Ziege nicht mache!
Verarsch mich nicht!

mujhe ullū mat banāo!
mich Eule nicht mache!
Halt mich nicht für blöde!

tumko lagta hai ki maiñ ghās khātā hūñ, kyā?
dir anhaftet ist dass ich Gras esse bin, was
Glaubst du, ich bin bescheuert oder was?

thappaṛ khānā māngtā, kyā?
Ohrfeige essen willst was
Willst du dir eine Ohrfeige einhandeln?

maiñ tujhko mārūngā!
ich dich schlagen-werde!
Ich hau dir gleich eine runter!

Aufgepasst!

Die Form **mārūngā** kann nur von einer männlichen Person gesprochen werden. Eine Frau müsste sagen:

maiñ tujhko mārūngī!
ich dich schlagen-werde!
Ich hau dir gleich eine runter!

merā *purse* ghāyab ho gayā!
mein Geldbörse abwesend ist geworden
Meine Börse ist weg!

wah cor hai!
er/sie Dieb ist
Der da ist ein Dieb!

wah ādmī (ek) cor hai!
der Mann (ein) Dieb ist
Der Mann da ist ein Dieb!

wah aurat (ek) cor hai!
die Frau (ein) Dieb ist
Die Frau da ist ein Dieb!

abhī choṛ do!
jetzt aufgebe!
Jetzt lass mal sein!
(*auch: Lass los!*)

paisā wāpas do!
Geld zurück gib!
Gib das Geld zurück!

maiñ tamāshā karūngā!
ich Spektakel werde-machen
Ich (m) mache ein Riesentheater!

maiñ tamāshā karūngī!
ich Spektakel werde-machen
Ich (w) mache ein Riesentheater!

koī ā jā!
jemand herbeikomme
So komme doch jemand!

bacāo!
rette
zu Hilfe!

aise mat karo!
so nicht mache!
Mach nicht sowas!

hāt mat lagāo!
Hand nicht anlege
Fass mich nicht an!

apne hāth apne pās rakh!
eigen Hände eigen bei halte!
Halte deine Hände bei dir!

yahāñ koī nahīñ, jo madad kartā hai?
hier jemand nicht, der Hilfe macht ist
Ist denn keiner hier, der hilft?

maiñ kyā karūñ?
ich was tun-soll
Was soll ich nur tun?

Streitigkeiten?

Ich weiß nicht, ob die Geschichte wahr ist, oder nur eine originelle Touristenwerbung. Mir ist jedenfalls in 3½ Jahren Indien nur ein einziges Mal ein 100-Rupien-Schein aus der Tasche gelupft worden. In erster Linie liegt es an einem selber, ob man Dieben eine Chance gibt oder nicht. Wer seine Börse in der rückwärtigen Tasche seiner Hose trägt, hat selber Schuld, wenn er plötzlich bargeldlos dasteht.

Bei den obigen Sätzen fällt mir eine Anekdote ein, die ich einer indischen Tageszeitung entnommen habe:

Auf dem sogenannten **cor bazār,** dem „Diebesmarkt“ von Mumbai, rief ein Händler **cor, cor!,** haltet den Dieb, denn irgend jemand hatte sich gerade kostenfrei aus seiner Auslage bedient. Der Händler staunte nicht schlecht, als plötzlich die halbe Straße die Beine in die Hand nahm und davonpreschte ... Es hatte mehr Diebe als Kunden im **cor bazār** gegeben.

Generell kann man aber sagen, dass in Indien keinesfalls mehr geklaut wird als in anderen Teilen Asiens. Allerdings gibt es ein Nord-Süd-Gefälle: Im Norden, besonders in den Bundesstaaten Uttar Pradesh, Bihar und Westbengalen, wird mehr stibitzt als im Süden. Ganz allgemein auch ist der Norden „krimineller“ als der Süden.

Schwarztausch

In Metropolen wie Mumbai oder Delhi lungern zahlreiche dubiose Gestalten in Nähe der Touristenhotels herum, die ausländisches Bargeld für Superkurse abzukaufen trachten. Oft soll der Deal gleich auf der Straße stattfinden.

Schwarztauschen nur bei Personen, die man etwas besser kennt, am besten Ladenbesitzer, denn die können nicht einfach verschwinden!

Oft stellt sich später heraus, dass der naive Tourist durch eine Art Taschenspielertrick gelinkt worden ist: Statt einem Haufen Rupien hat er plötzlich nur ein paar mickrige Scheine und eine Menge Zeitungsschnitzel in der Tasche.

Die liebe Verwandtschaft

Inder leben zumeist in traditionellen Großfamilien und achten verwandtschaftliche Blutsbande über alles. Das hat Vor- und Nachteile: Einerseits gibt die Familie Geborgenheit, und selbst ein entfernter Angehöriger wird im Notfall mit der Unterstützung seines Klans rechnen können. Andererseits kann die lebenslange Bevormundung durch die Sippenzwänge das „Privat"-Leben tiefgreifend stören. Dem Inder sind verwandtschaftliche Bande dennoch lebenswichtig, und deshalb genügen ihm Verwandtschaftsbezeichnungen wie „Onkel" oder „Tante" nicht. Er will es genauer wissen: Ist der Onkel nun der Bruder des Vaters oder der Bruder der Mutter?

Frauen in Gujarat, aus dem Volk der Lambari, das oft ein „unstetes Leben" führt

Die liebe Verwandtschaft

Mir selber ist es in Indien immer schwer gefallen, die verwandtschaftlichen Beziehungen in einer Familie zu durchblicken, wozu die Inder zum Teil mit beigetragen haben: So werden alle guten Freunde als „Bruder“ bezeichnet, alle möglichen Leute **uncle** oder **auntie** genannt, und der Cousin wird durch die verwirrende Titulierung **cousin brother** dem „Bruder“ gleichgestellt. Für alle, die in indischen Familien verkehren werden, hier die wichtigsten Vokabeln:

māñ, mātājī	Mutter
pitājī	Vater
beṭā, laṛkā, putra	Sohn
beṭī, laṛkī, putrī	Tochter
baccā	Kind, männlich
baccī	Kind, weiblich
rishtedār	Verwandter
bhāī	Bruder
bahin	Schwester
tāū	älterer Bruder des Vaters
kākā, cācā	jüngerer Bruder des Vaters
bhatījī	Tochter des Bruders
bhatījā	Sohn des Bruders
bhanjī	Tochter der Schwester
bhāñjā	Sohn der Schwester
bāū, phūphī	Schwester des Vaters
mausī	Schwester der Mutter
bhābhī	Frau des Bruders
jījā	Ehemann der Schwester
sālā	Bruder der Ehefrau
sālī	Schwester der Ehefrau
nanad	Schwester des Ehemannes

(auch Schimpfwort!)

potā	Sohn des Sohnes
potī	Tochter des Sohnes
nātī	Sohn der Tochter
nātin	Tochter der Tochter
bābā	Vater des Vaters
nānā	Vater der Mutter
nānī	Mutter der Mutter
dādī	Mutter des Vaters
wadhū	Braut
war	Bräutigam
saut, sautan	Nebenfrau (*z. B. bei Moslems*)
bahū	Schwiegertochter
sasūr	Schwiegervater
dost, mitra	Freund
sahelī	Freundin
mehmān	Gast
mezbān	Gastgeber
pati	Ehemann
bīwī, patnī	Ehefrau

(*auch Beleidigung –* **sasūrā!**)

shādī, wiwah	Heirat
sās	Schwiegermutter
māñ-bāp	Eltern
paṛosī	Nachbar
jamaī, dāmād	Schwiegersohn
widhwā	Witwe
widhur	Witwer
shādī karnā	heiraten
pariwār	Familie
sautelā bhāī	Stiefbruder
sautelī bahin	Stiefschwester
sautelā wyawahār	„stiefmütterliche“ Behandlung

Zu Gast sein

Mit einem Smartphone können Sie sich die mit einem 👂 gekennzeichneten Sätze dieses Kapitels anhören.

Mit den folgenden Sätzen können Sie sich unterhalten, wenn Sie von einem Inder zu sich nach Hause eingeladen worden sind:

👂 **āpkā hāl kyā hai?**
Ihr Zustand was ist
Wie geht es Ihnen?

👂 **āp kaise / kaisī haiñ?**
Sie wie (m/w) sind
Wie geht es Ihnen?

👂 **maiñ acchā / acchī hūñ, aur āp?**
ich gut (m/w) bin, und Sie
Mir geht's gut, und Ihnen?

👂 **āpko bhūkh lagī hai, to yah khāiye.**
Ihnen Hunger anhaftet, also das essen Sie
Wenn Sie hungrig sind,
so essen Sie dies hier bitte.

👂 **ye āpke bāl-bacce haiñ?**
diese Ihre Kinder sind
Dies sind Ihre Kinder?

👂 **āp udhar baiṭhiye, ārām-kursī par.**
Sie dort bitte-setzen, Ruhe-Stuhl auf
Setzen Sie sich bitte dorthin, in den Sessel.

👂 **āpkī marzī.**
Ihr Gefallen
Ganz wie Sie wünschen.

👂 **mazā/majā hai?**
Spaß ist
Haben Sie Spaß?,
Geht es Ihnen gut?

phir āiye!
wieder kommen-Sie-bitte
Kommen Sie bitte wieder!

phir kab āenge?
wieder wann werden-kommen
Wann werden Sie wieder kommen?

phir milenge, zarūr milenge!
wieder treffen-werden, bestimmt treffen-werden
Wir werden uns wiedertreffen, ganz bestimmt.

Essen & Trinken

Indien ist ein Land für Gourmets, allerdings muss man sich schon an die Schärfe der Speisen gewöhnen. Die meisten Restaurants sind rein vegetarisch, die anderen verfügen über zwei Speisekarten, vegetarisch und nichtvegetarisch. Die Preise für eine Mahlzeit variieren selbstverständlich sehr, so kann man sogar in teuren Städten wie Mumbay oder Delhi für 50 Cent ein exquisites Mahl erhalten; für ein einfacheres Essen wird man in einem anderen Restaurant vielleicht das Mehrfache dessen los.

Das indische Standardgericht ist der **dāl,** eine Art Linsenbrei, der mit Reis oder den **capātī** (Fladenbrot) gegessen wird. Reis und **dāl** erhält man wirklich überall, selbst in der schä-

Dazu ein typischer Ausdruck des Mumbai-Slangs: **wasūl karnā** *oder* **wasūl lenā** *– man bekommt mehr als genug für sein Geld; und speziell bei der* **thālī**: *So viel essen, wie man kriegen kann!*

bigsten Brutzelhütte, und oft schmeckt er in denen auch am köstlichsten! Viele Indienfahrer – ich eingeschlossen – sind schon wahrhaft süchtig nach diesem Genuss geworden!

Unbedingt empfehlenswert ist die schon erwähnte **thālī** (Platte, Teller). Man erhält einen großen Stahl-Teller, auf dem sich Schalen mit verschiedenen Gemüsen, Joghurt, Pickles, **capātī,** Reis, eine Süßigkeit und ein knuspriges Etwas namens **pāpaḍ,** das den Appetit anregt, befinden. Und das Tolle: Die Kellner füllen so lange nach, wie man will!

Eine indische Redewendung:

khāo, pīo, majā/mazā karo!
iss, trink, Spaß mache!
Hab Spaß am Leben, mach's Beste draus!

Im Bundesstaat Panjab wird diese Redewendung leicht variiert:

khāo, pīo, nangā nahāo!
iss, trink, nackt bade
Iss, trink und bade nackt!

Ein leckerer Happen: **makaī** oder **makkā** (geröstete Maiskolben), die mit einer Gewürzmischung und Zitronensaft bestrichen werden

im Restaurant

mujhe bhūkh lagī hai.
mir Hunger angehaftet
Ich habe Hunger.

hamko pyās lagī hai.
uns Durst angehaftet
Wir haben Durst.

maiñ shākā-hārī hūñ, lekin merā dost māñsa-hārī hai.
ich Vegetarier bin aber mein Freund Fleischesser ist
Ich bin Vegetarier, aber mein Freund ist Fleischesser.

kripyā nayā gilās lāo, yah gandā hai.
bitte neues Glas bringe, dieses schmutzig ist
Bitte bringen Sie ein neues Glas, dieses ist schmutzig.

khānā taiyār hai?
Essen bereit ist
Ist das Essen fertig?

khānā āne-wālā hai.
Essen kommendes ist
Das Essen kommt jeden Moment.

aur namak lāo!
und Salz bringe!
Bring noch etwas Salz!

khānā kaisā lagtā hai?
Essen wie gefällt ist
Wie schmeckt Ihnen das Essen?

merā peṭ bilkul bhar gayā hai.
mein Bauch völlig gefüllt worden ist
Mein Bauch ist vollkommen voll.

aur kuch cāhiye?
und etwas gewünscht
Sonst noch etwas?

bill lāo!
Rechnung bringe!
Die Rechnung bitte!

resṭaurañṭ khulā/band hai.
Das Restaurant ist geöffnet/geschlossen.

resṭaurañṭ kab khulegā/band hogā?
Wann wird das Restaurant geöffnet/geschlossen?

paisā denā	bezahlen
cammac, camcā	Löffel
kānṭā	Gabel
cākū	Messer
mez	Tisch
mez-posh	Tischdecke
nāshtā, brekfāsṭ	Frühstück
lunch	Mittagessen
***dinner*, rāt kā bhojan**	Abendessen

Margin note: **aré bhāī** *heißt eigentlich „Bruder", so kann aber auch der Kellner gerufen erden.*

waiter, aré bhāī!
Kellner!

iskā aur kuch do!
Noch etwas hiervon bitte!

khānā-pīnā
Essen und Trinken

yahāñ sharāb miltī hai?
Gibt es hier Alkohol?

cāwal khatam ho gayā.
Der Reis ist alle.

Gerichte

Margin note: *Die Namen der Speisen sind meistens nichts anderes als eine Art Inhaltsangabe, so bedeutet* **ālū maṭar:** **ālū** *= Kartoffel und* **maṭar** *= Erbse. Also Kartoffeln und Erbsen – in einer göttlich scharfen Soße allerdings!*

Hier nun eine Liste der geläufigsten indischen Gerichte, die man in den meisten einfachen Lokalen erhalten kann.

ālū gobhī	Kartoffeln & Blumenkohl
ālū pālak	Kartoffeln mit Spinat
panīr pālak	eine spezielle Art von Käse in Spinat
cānā masālā	Kichererbsen in Soße
baingan bharta	Art Brei aus gerösteten Auberginen
baingan masālā	Aubergine in Soße

bhiṅḍī *fry*	Okra, gebraten
idlī	eine Art Reiskuchen
masālā dosā	in Teig gebackene Kartoffeln, Zwiebeln & Erbsen
uttapam	Art Fladenbrot mit Gemüsebelag
raitā	Joghurtgericht mit Gemüse und Gewürzen
dahī wadā	Art Teigkrapfen in Joghurt
dāl	Linsenbrei aus gelben Linsen
panjābī dāl, dāl makkhanī	Linsenbrei aus schwarzen Linsen
capātī	Fladenbrot
roṭī	wörtlich „Brot"; größeres Fladenbrot
biriyānī	Reis gemischt mit Gemüse
gulāb jamūn	in Zuckersirup eingelegte süße Teigbällchen; tierisch süß!
masālā cāy	mit Ingwer, Kardamom, Zimt u.a. Gewürzen verfeinerter Tee
jal jīrā	Verdauungstrunk aus Kumin u.a. Gewürzen *(wirksam bei eventueller Verstopfung!)*

Achtung: Bestellt man Getränke, so sollte man darauf achten, dass sie nicht allzu überzuckert sind. Die Inder übertreiben da gern ein bisschen. Sagen Sie:

cīnī nahīṅ	keinen Zucker
cīnī bilkul nahīṅ	auf keinen Fall Zucker
cīnī binā	ohne Zucker
cīnī kam	wenig Zucker
cīnī ekdam kam	ganz wenig Zucker

Zucker heißt **cīnī** *oder auch* **shakkar.**

mujhko *diabetes* hai, shakkar mat ḍāliye!
mir Diabetes ist, Zucker nicht schütten-Sie!
Ich habe Diabetes, geben Sie keinen Zucker bei!

nach dem Essen

... kaut man vielleicht noch eine Betelnuss. Nach einem Restaurantbesuch versammeln sich viele Inder gerne an den kleinen Buden oder Ständen der **pān-wālā,** Betel-Verkäufer, und halten noch einen Schwatz.

Die Betelnuss kaut man in den verschiedenen Mischungen, deren Namen oft einfach Zahlen sind. **ek sau bīs** („120") ist die berauschende Mixtur: Diese besteht aus Betelblatt, Betelnuss, Kalk und Kautabak und hat so etwa den gleichen Effekt wie zwei Liter Kaffee auf nüchternen Magen (jedenfalls bei dem einen Mal, als ich es versucht hatte!) Dann gibt es die harmlosen Mischungen **tīn sau** („300") und **cār sau** („400"), die zum Teil auch Süßigkeiten enthalten. Die teuerste Mixtur wird nur unter der Ladentheke verkauft, da sie illegal ist: Die Mischung **pālang-toṛ** enthält unter anderem Kokain, und steht in dem Ruf, die Liebeskräfte auf wundersame Weise zu steigern. Daher der Name: **pālang-toṛ** heißt „Bettbrecher"!

Im Hotel

Bei der Suche nach einer Unterkunft können Ihnen die folgenden Sätze hilfreich sein:

āpke pās kamrā hai?
Ihnen bei Zimmer ist
Haben Sie ein Zimmer?

maiñ usko dekh saktā hūñ?
ich es sehen kann bin?
Kann ich es sehen?

cādar gandī hai. ek nayī lāo!
Bettlaken schmutzig ist. ein neu bringe!
Das Bettlaken ist schmutzig.
Bringen Sie ein neues!

farsh bhī sāf nahīñ. jhāṛū lagāo!
Boden auch sauber nicht. Besen anbringe!
Der Fußboden ist auch nicht sauber.
Fegen Sie aus!

koī bālṭī hai kahīñ bhī?
irgend Eimer ist, wo auch?
Gibt es irgendwo einen Eimer?

kyoñ bijlī nahīñ?
warum Strom nicht?
Warum gibt es keinen Strom?

Aufpassen! Häufig werden Restaurants als **hotel** *bezeichnet.*

Mit einem Smartphone können Sie sich die mit einem gekennzeichneten Sätze dieses Kapitels anhören.

agar āp kamrā sāf-suthrā banaeñ, to maiñ usko le lūngā.
wenn Sie Zimmer sauber-(und)-ordentlich machten, dann ich es nehmen werde
Wenn Sie das Zimmer nett und ordentlich herrichten, werde ich es nehmen.

maiñ passport āpke pās rakh saktā hūñ?
ich Reisepass Ihnen bei aufbewahren kann bin?
Kann ich den Reisepass bei Ihnen aufbewahren?

mere pās maile kapṛe haiñ. dhobi kab āegā?
mir bei schmutzig Kleider sind. Wäscher wann wird-kommen?
Ich habe schmutzige Wäsche.
Wann kommt der Wäscher?

kamre meñ khānā-pīnā milegā?
Zimmer in Essen-Trinken bekommen-wird?
Kann man auf dem Zimmer Speisen und Getränke bekommen?

maiñ kal calā jāungā. *bill* taiyār rakho!
ich morgen weg gehen-werde. Rechnung bereit halte!
Ich werde morgen abreisen.
Halten Sie die Rechnung bereit!

paisā paihle denā hai, yā calā jāne ke samay?
Geld vorher geben ist, oder weg gehen zur Zeit
Soll vorab gezahlt werden, oder erst bei der Abreise?

pālang	Bett
bistar	Bett, Bettzeug
takiyā	Kopfkissen
cābī	Schlüssel
battī	Lampe
mombattī	Kerze
kambal	Decke
macchaṛ-dānī	Moskitonetz
macchaṛ	Moskito
makhī	Fliege
hoṭal, *hotel*	Hotel
lāj, *lodge*	einfaches, „Indian-style" Hotel
gusal-khānā, snān-griha	Badezimmer
***tip*, bakshish**	Trinkgeld, *„milde Gabe"*
khālī	leer, frei
full	belegt
pankhā	Ventilator
sāf karnā	sauber machen
kacrā leke jānā	den Müll mitnehmen
uṭhānā	wecken
kursī	Stuhl
rākh-dānī, *ashtray*	Aschenbecher
dhonā	waschen
almārī	Schrank
A.C. (ai-ssii)	Klimaanlage
band karnā	abschalten; schließen
cālū karnā	anschalten
kholnā	öffnen
khiṛkī	Fenster
darwāza	Tür

A.C. = *Air-Conditioning*

Wo man kein Hindi braucht

Im Flugzeug wird man kein Hindi benötigen. Das Personal der inner-indischen Fluglinie Indian Airlines spricht neben Hindi Englisch, die Durchsagen an Bord werden in diesen zwei Sprachen gemacht, ebenso die Durchsagen auf den Flughäfen.

Ebenso ist es in Banken und Behörden. „No problem, everybody speaking English!“ – zumindest so viel, dass keine großen Sprachschwierigkeiten zu erwarten sind!

Auf der Post wird man ebenfalls kaum Hindi benötigen. Hier nur einige wichtige Vokabeln.

ciṭṭhī, patra	Brief
hawāī patra	Luftpostbrief
ḍāk-ghar, *post afis*	Postamt
***postage*, ḍāk-kharc**	Frankierung
***stamp*, isṭemp**	Briefmarke
registered mail	Einschreiben
***postmaster*, ḍāk-pāl**	Postmeister
fax	Fax
parcel	Paket
bhejnā	(ab-)schicken
ṭhappā lagānā, ṭhappā mārnā	abstempeln
***phone* karnā**	telefonieren
STD booth	Telefonladen

(kommerzielles Unternehmen, von dem aus Telefongespräche geführt werden können)

STD
= Self-Trunk Dialling

ciṭṭhī lagbhag kab pahũñcegī?
Brief ungefähr wann ankommen-wird?
Wann etwa wird der Brief ankommen?

isko kitnā (*postage*) lagānā paṛegā?
Diesem wieviel (Frankierung) draufheften sein-wird?
Mit wieviel muss ich dies frankieren?

lifāfā kahāñ biktā hai?
Umschlag wo verkauft-wird ist?
Wo kann man einen Umschlag bekommen?

mere pās koī kalam nahīñ.
mir bei überhaupt Kugelschreiber nicht
Ich habe keinen Kugelschreiber / nichts zum Schreiben.

kitnā samay lagegā?
wieviel Zeit dauern-wird
Wie lange wird es dauern?

... bol rahā hai.
... sprechen bleibend ist
Hier spricht ...

Telefonieren

Indiens Telefonsystem ist nicht mehr das beste. Meistens kracht, knirscht und rauscht es in der Leitung, und spricht man mit einem Teilnehmer vom anderen Ende der Stadt, so klingt es, als habe man Verbindung zu einem Unterseeboot aufgenommen. Kein Wunder, wenn da die Kommunikation nicht immer klappt ...

Reifenflicker beim Kundengespräch

Wo man kein Hindi braucht

Ganesh: **namaskār, yah Gaṇesh bol rahā hai!**
Guten Tag, dies Ganesh sprechend ist
Guten Tag, hier spricht Ganesh!

Satish: **kaun hai? maiñ samjhā nahīñ.**
wer ist? ich verstehe nicht!
Wer ist da? Ich verstehe nicht!

Ganesh: **aré yār, Gaṇesh hai. tū behrā hai, kyā?**
he Freund, Ganesh ist! du taub bist, was?
He Mann, hier ist Ganesh!
Bist du taub, oder was?

Satish: **ah, Gaṇesh tū! kaisā hai?**
ah, Ganesh du! wie bist?
Ah, Ganesh, du! Wie geht's?

Ganesh: **kyā? samjhā nahīñ.**
was verstehe nicht
Was? Ich verstehe nicht!

Satish: **aré, yah *phone* bilkul bekār hai!**
Mensch, dieses Telefon total nutzlos ist!
Mensch, dieses Telefon ist ja das Letzte!

Ganesh: **sahī bāt, sahī bāt!**
wahre Rede, wahre Rede!
Das stimmt, das stimmt wirklich!

Satish: **kyā? samjhā nahīñ ...**

Kaufen & Feilschen

Ich wünschte, ich könnte eine Grundregel dafür aufstellen, wie viel man vom verlangten Preis wirklich zahlen sollte, ohne sich geschröpft zu fühlen. Selbst nach jahrelangem Aufenthalt in Indien bin ich mir immer noch nicht sicher, ob ich nicht doch zur Ader gelassen wurde. Das Beste ist: Preise vergleichen, niemals den Eindruck machen, als benötige man etwas dringend (auf gleichgültig machen!) und schielen, was die Einheimischen zahlen. Bei größeren Käufen nicht gleich wütend abdampfen, wenn der Preis zu hoch erscheint. Gleichgültig bleiben, am nächsten Tag noch mal reinschauen, und wenn es sein muss, am übernächsten auch! Wenn wirklich ein Preisnachlass drin ist, wird man ihn irgendwann kriegen!

Mit einem Smartphone können Sie sich die mit einem 👂 gekennzeichneten Sätze dieses Kapitels anhören.

Übrigens: Wenn man um seine Rupien gut geschachert hat, und der Händler sich als der Übervorteilte fühlt, wird er vielleicht sagen: **tum marwāṛī ho!** – *„Du bist ein Marwari!" Marwaris sind die Angehörigen einer für ihre Geschäftspraktiken berüchtigten Händlerkaste. Im heutigen Sprachgebrauch steht „Marwari" für Geizhals oder Pfennigfuchser. In diesem Fall aber ist es ein Kompliment für professionelles Feilschen!*

auf dem Markt

bazār	Basar
masālā	Gewürzmischung
cake, pastry	Kuchen
pān	Betel
nāriyal	Kokosnuss
banaspati	Margarine
makkhan	Butter
dārū, sharāb	Wein, Schnaps
kukurmutte, khumbiyāñ	Pilze
anāj	Getreide

sabzī, sabjī	Gemüse
māñs	Fleisch
machlī	Fisch
dahī	Joghurt
shahad	Honig
cīnī, shakkar	Zucker
namak	Salz
āṭā	Mehl
añḍe	Eier
phal	Obst

Sie können nun eine Reihe von Sätzen bilden:

maiñ āṭā kharīdtā hūñ.
ich Mehl kaufe bin
Ich kaufe Mehl.

maiñ dahī bectā hūñ.
ich Joghurt verkaufe bin
Ich verkaufe Joghurt.

„ich möchte" heißt **mujhe cāhiye** oder **mujhko cāhiye** (= *„mir ist gewünscht"*). Beispiele:

Wer Wert auf eine besonders „coole" Umgangssprache legt, kann das **cāhiye** *durch* **mangtā hai** *ersetzen:*

mujhe namak cāhiye.
mir Salz ist gewünscht
Ich möchte Salz.

mujhko paisā mangtā hai.
mir Geld gewollt ist
Ich will/brauche Geld.

Das Ganze geht auch noch einfacher, und jeder wird Sie verstehen:

pānī cāhiye!
Wasser gewünscht
Bitte Wasser!

cāy mangtā!
Tee gewollt
Will 'nen Tee!

Anstelle von **pānī** oder **cāy** kann man jedes beliebige Hauptwort einsetzen.

(siehe Vokabelliste!)

(āpko) kyā cāhiye? *was (Ihnen) gewünscht?* Was wünschen Sie?

(āpko) kyā mangtā hai? *was (Ihnen) gewollt ist?* Was wollen Sie?

Das beste Obst erhält man in den Monaten März bis Mai. Danach, in der Regenzeit, sieht es ein wenig schlechter aus: Da nicht geerntet wird, bleiben die Obststände unangenehm leer.

Besonders zu empfehlen: Die kleinen kernlosen, grünen Weintrauben, eine winzige Bananenart namens **safed elcī** und ein kartoffelgroßes, eigenartiges Etwas genannt **cikkū**. Die schmeckt am besten in Milch- Shakes oder Fruchtsalaten.

Haufenweise Vitamine: Obsthändler, umgeben von einem Berg Wassermelonen **(tarbūz)**

Obst & Gemüse

Auf vielen Märkten wird man Zuckerrohrsaft-Stände sehen. Dieser Saft, die Inder nennen ihn in englischer Manier **sugarcane juice,** *ist zusammen mit dem Gelbwurz ein indisches Hausmittel gegen Hepatitis. Hoffentlich werden Sie ihn niemals benötigen!*

phal	Obst
seb	Apfel
kelā	Banane
añjīr	Feige
ām	Mango
anār	Granatapfel
nāspatī	Birne
angūr	Weintrauben
nimbū	Zitrone
santrā, nārangī	Orange
annannās	Ananas
papītā	Papaya
sītāfal, sharīfā	Custard-Apple

sabzī, sabjī	Gemüse
gājar	Möhre
lahsun	Knoblauch
pyāz	Zwiebel
mūlī	Rettich
ṭamāṭar	Tomate
maṭar	Erbse
baingan	Aubergine
sem	Bohne
kakṛī	Gurke
bhiñḍī	Okra, Ladyfingers
ālū	Kartoffel
pakka (m) / **pakkī** (w)	reif
pālak	Spinat
gobhī	Blumenkohl
kaccā (m) / **kaccī** (w)	unreif

Gewürze

sauñf	Anis
hīng	Asafoetida
lāl mirc	Chili
dāl-cīnī	Zimt
laung	Gewürznelken
dhaniyā	Koriander
jīrā	Kumin
rāī	Senf
kesar	Safran
imlī	Tamarind
ilāycī	Kardamom
podīnā	Minze
haldī	Gelbwurz
adrak	Ingwer
kālī mirc	schwarzer Pfeffer

Anis wird oft nach dem Essen gereicht.

nützliche Sätze

yah thoṛā mahangā hai. kuch aur dikhāo!
dies ein wenig teuer ist. etwas und zeige!
Das ist etwas teuer. Zeigen Sie mir noch etwas!

yah mujhe acchā nahīñ lagtā.
dies mir gut nicht gefällt
Das gefällt mir nicht.

mere pās zyādā paisā nahīñ. acchī kīmat banā de.
mir bei zu-viel Geld nicht. gut Preis mache gib
Ich habe nicht allzuviel Geld. Machen Sie mir einen guten Preis!

yah ajīb dikhtā hai.
dies seltsam aussieht ist.
Das sieht seltsam aus.

kharāb ho gayā hai?
schlecht geworden ist?
Ist das verdorben?

choṛ do!
aufgebe!
Geben Sie's auf!

kuch nahīñ kharīdūngā!
etwas nicht kaufen nehmen-werde!
Ich kaufe nichts!

yah pakkā sonā hai?
dies echt Gold ist?
Ist dies echtes Gold?

yah purānā hai?
dies alt ist?
Ist das alt?

maiñne āpko sau rūpiye kā noṭ diyā, na?
ich (Vergangenheitspart.) Ihnen 100-Rupien-Note gab, nicht?
Ich habe Ihnen doch eine 100-Rupien-Note gegeben, nicht wahr?

maiñne batāyā, yah nahīñ mangtā, na?
ich (Vergangenheitspart.) erzählte dies nicht gewollt, nicht?
Ich sagte Ihnen doch, ich will das nicht, oder?

shāyad maiñ kal wāpas āūngā.
vielleicht ich morgen zurück werde-kommen.
Vielleicht komme ich morgen zurück.

becnā – kharīdnā	verkaufen – kaufen
wāpas denā	zurückgeben
wāpas lenā	zurücknehmen
chuṭṭā, rezgāṛī	Kleingeld
mahangā	teuer
sastā (m) / **sastī** (w)	billig
kīmat, mūlya, dām	Preis
kam	weniger
zyādā	viel, zu viel

thoṛā-thoṛā (m) **thoṛī-thoṛī** (w)	ein wenig
māl	Ware
kapṛā	Stoff
tambakū	Tabak
kitāb, pustak	Buch
samācār-patra, akhbār	Zeitung
patrikā	Zeitschrift
phūl	Blume
kamīz	Hemd
patlūn	Hose
jūte	Schuhe
sonā	Gold
cāndī	Silber
resham	Seide
khādī	aus Baumwolle
moze	Socken
peṭī	Gürtel
angūṭhī	Ring
pāyal	Fußkette

Die indische Geste, wenn sich jemand in einem Handel über's Ohr gehauen fühlt, ist eine Hand, die er schlachtmessergleich an seiner Kehle reibt!

Wühltisch mit Schuhen zum beinah Nulltarif

Achtung: Indien ist voll von Fälscherwerkstätten – nicht alles, was ein ausländisches Etikett trägt, ist auch „foreign". Die Inder bezeichnen solche Piratenprodukte als „made by USA". Warum? Nun, das „U" steht für **Ulhasnagar,** *einen kleinen Ort außerhalb von Mumbai, in dem es von Fälschern wimmelt. Das „S" steht für* **Sindhi,** *eine geschickte Händlerkaste, der man skrupelloses Kalkül nachsagt. Das „A" steht für* **Association.** *„Made by Ulhasnagar Sindhi Association" heißt also nichts weiter, als dass das Produkt pure Fälschung ist!*

ratna	Edelstein
hīrā	Diamant
ḍibiyā	Schachtel
thailī	(*kleine*) Tragetasche
diyā-salāī, *matches*	Streichhölzer
kāgaz	Papier
mazbūt	stark, haltbar
kamzor	schwach, nicht haltbar
tarazū	Waage
sābun	Seife
ṭop	Hut
rūmāl	Taschentuch

acchā darzī kahāñ hai? sastā bhī honā cāhiye.
gut Schneider wo ist? billig auch sein gewünscht
Wo gibt es einen guten Schneider? Billig sollte er auch sein.

ye cīzeñ Bhārat meñ bantī haiñ, yā bāhar?
diese Sachen Indien in gemacht sind oder draußen
Werden diese Sachen in Indien hergestellt oder im Ausland?

yah māl wideshī hai.
dies Ware ausländisch ist
Dies ist ausländische Ware.

pakkā wideshī māl hai?
wirklich ausländisch Ware ist
Ist das tatsächlich ausländische Ware?

Unterwegs ...

Jetzt wollen wir einmal einem typischen Gespräch zwischen einem Reisenden und einem Taxifahrer lauschen. Die Inder sind sehr neugierig, was Fremde betrifft und fragen ihnen wahre Löcher in den Bauch. Unser angenommener Taxifahrer ist da keine Ausnahme. Die Fragen, die er stellt, sind die, die Sie am meisten in Indien hören werden.

Ein Taxi-Gespräch

Der Taxifahrer:

āp kahāñ se āye?
Sie wo von kamen?
Woher kommen Sie?

āp angrez haiñ?
Sie Engländer sind?
Sind Sie Engländer?

āpkā nām kyā hai?
Ihr Name was ist?
Wie heißen Sie?

Zur Antwort gibt unser Reisender:

maiñ Germany se āyā.
ich Deutschland aus kam
Ich komme aus Deutschland.

merā nām Werner hai.
mein Name Werner ist
Ich heiße Werner.

Der Taxifahrer:

bahut acchā, bahut acchā!
sehr gut, sehr gut!
Sehr gut, sehr gut!

āp kahāñ jāte haiñ?
Sie wo gehen-sind?
Wohin gehen/fahren Sie?

Der Reisende:

maiñ *station* jātā hūñ.
ich Bahnhof gehe-bin
Ich gehe/fahre zum Bahnhof.

Der Taxifahrer:

ṭhīk hai!
okay ist!
Ist okay!

Taxi in Mumbai, zur Segnung mit **gendā** (Ringelblumen) behangen

āpko Lawrence *hotel* mālūm hai?
Ihnen Lawrence Hotel bekannt ist?
Kennen Sie das Lawrence Hotel?

udhar jānā!
dorthin fahre!
Fahren Sie dorthin!

mīṭar ḍālnā!
Anzeiger werfe!
Schalten Sie die Geldanzeige an!

samān pīche rakh do!
Gepäck hinten halte gib!
Verstauen Sie das Gepäck hinten!

agar āp lambe rāste se jāenge,
to maiñ pulis ke pās shikāyat karūngā.
wenn Sie lang Weg gehen sind,
dann ich Polizei bei Beschwerde werde machen
Wenn Sie einen langen Weg fahren,
werde ich mich bei der Polizei beschweren.

Man sollte immer darauf bestehen, nur mit eingeschaltetem Preisanzeiger zu fahren. Viele Taxifahrer versuchen, ohne **miṭar *(meter)*** *zu fahren, um dann einen überhöhten Preis zu verlangen.*

dhīre-dhīre calāo! bahut hī samay hai!
langsam fahre! viel Zeit ist!
Fahren Sie langsam! Ich habe genug Zeit!

yahāñ rok do!
hier stop gib!
Halten Sie hier!

kīmat kitnā hai?
Preis wieviel ist?
Was macht das?

yah to zyādā lagtā hai.
dies doch zu-viel erscheint ist
Das scheint mir doch etwas viel.

mera khayāl hai, ki mīṭar ṭhīk nahīñ hai.
meine Meinung ist, dass Anzeiger gut nicht ist
Ich glaube, der Anzeiger ist nicht in Ordnung.

yahāñ se hoṭal tak kitnā dūr hai?
hier von Hotel bis wie-viel weit ist?
Wie weit ist es von hier bis zum Hotel?

mere pās chuṭṭā nahīñ. To kyā kareñ?
mir bei Kleingeld nicht. Also was wir-tun-sollten?
Ich habe kein Kleingeld. Was machen wir da?

... mit Bus & Zug

lagtā hai, ki yah bas bilkul *full* hai, na?
erscheint ist, dass dieser Bus gänzlich voll ist, nicht?
Dieser Bus scheint total voll zu sein, was?

yahāñ koī baiṭhā hai?
hier jemand gesetzt ist?
Sitzt hier jemand?

In vielen Bussen der „Luxury"-Kategorie, bei denen man den Platz vorbuchen muss, wird man mit Videofilmen unterhalten. Natürlich gibt es ausschließlich landeseigene Produktionen in Hindi zu sehen, die jeweils über drei Stunden dauern. Eine gute Methode, zu reisen und gleichzeitig Hindi zu lernen!

Goa-wālī bas meñ *video* hotā hai, kyā?
Goa-habend Bus in Video (immer)-gibt, was?
Gibt es denn in dem Bus nach Goa Video?

is ṭren ke liye *reservation* mangtā hai, kyā?
die Zug für Reservierung benötigt ist?
Braucht man für diesen Zug eine Reservierung?

māf kījiye, āp merī jagah pe baiṭhe haiñ.
Verzeihung Sie-bitte-tun, Sie mein Platz auf gesetzt sind.
Entschuldigung, Sie sitzen auf meinem Platz.

is ṭren meñ khānā bhī miltā hai?
dies Zug in Essen auch bekommt ist?
Bekommt man in diesem Zug etwas zu essen?

bas kab rukne-wālī hai? peshāb karnā hai!
Bus wann halt-habend ist? Harn machen ist!
Wann hält der Bus an? Ich muss pinkeln!

***driveme* dārū pī hai, kyā?**
Fahrer (Verg.) Wein getrunken ist, was?
Hat der Fahrer etwa Schnaps getrunken?

āglā *stop* kahāñ hogā?
nächste Halt wo wird-sein?
Wo wird der nächste Halt sein?

ek ghañṭe bād ham dillī meñ rukenge.
ein Stunde nach wir Delhi in werden-halten
In einer Stunde werden wir in Delhi stoppen.

Mumbāī se Dillī tak kam se kam solah ghañṭe mangtā hai.
Mumbai von Delhi bis mindestens sechzehn Stunden benötigt ist.
Von Mumbai nach Delhi braucht man mindestens 16 Stunden.

mujhe Dillī ke paihle utarnā hai.
mir Delhi vor aussteigen ist.
Ich muss schon vor Delhi aussteigen.

maiñ Bhopāl meñ utrūngā.
ich Bhopal in werde-aussteigen
Ich werde in Bhopal aussteigen.

maiñ kuch samān bhūl gayā.
ich etwas Gepäck vergaß
Ich habe ein Gepäckstück vergessen.

wichtige Vokabeln

safar, yātrā	Reise
ham-safar, ham-rāhī	Reisebegleiter
***station*, aḍḍā**	Station
roknā	(*jmd./etwas*) anhalten
ruknā	(*selber*) anhalten
utarnā	aussteigen

Bei längeren Busfahrten wird der Bus alle 3-4 Stunden anhalten, damit die Passagiere eine Pinkelpause einlegen und etwas zu sich nehmen können. Da die Busfahrer mit den Imbisshüttenbesitzern einen stillschweigenden Vertrag eingehen und gegen eine Entlohnung die Passagiere rankarren, sind die Mahlzeiten nicht immer die besten. Der Gastronom hat seine Gäste über den Fahrer halt „gekauft".

caṛhnā	einsteigen
calā jānā, rawānā honā	losfahren
pahūñcnā	ankommen
rel-gāṛī, ṭren	Zug
bas, gāṛī	Bus
ṭikeṭ	Ticket
ṭhaharnā	halten, bleiben, warten
ṭhaharānā	parken, stehen lassen
jagah, sīṭ	Sitz(-platz)
safar karnā, yātrā karnāa	reisen
sīṭī denā	pfeifen (*Dampflok*)
pā-khānā, leṭrīn	Toilette
gusal-khānā	Waschraum
der se	Verzögerung, Verspätung
or, taraf	Richtung
ghāṭ	an-/absteigende Strecke zw. Flachland & Hochebene
rāstā	Weg, Strecke, Straße
saṛak	Straße
shahar, nagar	Stadt
dehāt	Land (*Gegensatz zu Stadt*)
gāw (*sprich:* **gāoñ**)	Dorf
pul	Brücke
***reservation* karnā**	reservieren
paidal jānā	zu Fuß gehen

Wetter & Jahreszeiten

Die typisch europäische Bemerkung „Schlechtes Wetter heute." wird man in Indien nicht zu hören bekommen. Wie auch. Neun Monate lang fällt fast kein Regen, ist der Himmel strahlend blau, und dann, na ja, dann kommt der Monsun, und der wird schon sehnlichst erwartet. Von Anfang Juni bis September/Oktober – die Monsunzeiten sind natürlich je nach Region etwas verschoben – heißt es dann: Schirm auf und Gummistiefel an! Wenn sich die Monsunwolken verzogen haben, wird's noch mal richtig heiß – für kurze Zeit aber nur, und dann kommt der indische Winter mit seiner milden Sonne...

bārish ho rahī hai	es regnet
barsāt	Monsun
dhūp lagtī hai	es ist heiß
ṭhanḍī lagtī hai	es ist kalt
mausam	Jahreszeit; Wetter
wasant	Frühling
sarat, sharat	Herbst
jāṛā	Winter
garmiyāñ	Sommer
baraf	Eis, Schnee
garmī, dhūp	Hitze
ṭhanḍī	Kälte
hawā, wāyu	Wind
jal-wāyu, abo-hawā	Klima
sūkhā / sūkhī	trocken
gīlā / gīlī	nass, feucht

Es kann durchaus passieren, dass man nabeltief durchs Wasser waten muss, doch was soll's. Auch das gehört zu Indien. Leider bringt der Monsun aber auch Krankheiten mit sich. Kurz vor Monsunbeginn bricht meistens die Konjunktivitis (Bindehautentzündung) epidemisch aus, die sich aber mit Anbeginn der Regenflut zurückzieht. Danach folgt eine Welle von Darmerkrankungen, denn die Wasserleitungen bersten, und allerlei Schmutz mischt sich ins Wasser. Unser Wort „Monsun" stammt vom ursprünglich arabischen Wort máusam *ab.*

badal, megh	Wolke
tūfān	Sturm, Taifun
lahaṛ	Welle
namī	Feuchtigkeit
bāṛh	Flut, Überschwemmung
pānī kī kamī	Wasserknappheit
sūraj, sūrya	Sonne
sūrya-grahaṇ	Sonnenfinsternis
sūrya-prabhā	Sonnenlicht
fasl	Ernte
chāyā, sāyā	Schatten

is sāl barsāt bahut der se ātī hai. **… bahut jaldī ātī hai.**
dies Jahr Regenzeit sehr spät von kommt ist *sehr früh kommt ist*
Dieses Jahr kommt der Monsun sehr spät. … sehr früh.

barsāt ke māre bahut makān gir jāte haiñ.
Regen wegen viel Häuser stürzen sind
Wegen des Monsuns stürzen viele Häuser ein.

bārish ki kamī ke māre ārthik hāl kharāb ho gayā hai.
Regen von Mangel wegen wirtschaftlich Lage schlecht sein geworden ist.
Durch den Regenmangel hat sich die Wirtschaftslage verschlechtert.

ūpar-waloñ kī meherbānī ākhir meñ barsāt ā gayī hai.
„der-da-Oben" von Gnade endlich Regen gekommen ist.
Gott sei's gelobt, der Regen ist endlich eingetroffen.

ūpar-waloñ kī meherbānī barsāt samāpt hogaī hai.
„der-da-Oben" von Gnade Monsun beendet worden ist
Gott sei's gelobt, der Monsun ist zu Ende!

barsāt ke mausam meñ bahut hī dafā bāṛh hotā hai.
Regen von Jahreszeit in viel doch Mal Flut gibt ist.
In der Regenzeit gibt es sehr häufig Überschwemmungen.

Tiere	
bandar (m) / **bandarī** (w)	Affe
cīñṭī (w)	Ameise
jonk (w)	Blutegel
gadhā (m) / **gadhī** (w)	Esel
hāthī (m) / **hāthinī** (w)	Elefant
makkhī (w)	Fliege
mendhok (m)	Frosch
jhīngā (m)	Garnele
gīddh (m)	Geier
***shark*-machlī** (w)	Hai
karghosh (m)	Hase
madhu-makhī (w)	Honigbiene
murgā (m) / **murgī** (w)	Huhn
kuttā (m) / **kutiyā** (w)	Hund
til-caṭṭā (m)	Kakerlake
ūñṭ (w)	Kamel
billā (m) / **illī** (w)	Katze
kālā nāg (m)	Kobra
kauwā (m)	Krähe
magar-macch (m)	Krokodil
gau (m), **go** (m) / **gāy** (w)	Kuh
sher (m) / **sherni** (w)	Löwe
cūhā (m)	Maus
macchar (m)	Moskito
ghoṛā (m) / **ghoṛī** (w)	Pferd
bheṛ (w)	Schaf
titlī (w)	Schmetterling
sūar (m)	Schwein
bicchū (m)	Skorpion
pañchī (m) / **ciṛiyā** (w)	Vogel
kīṛā (m) / **krimi** (w)	Wurm
bakrā (m) / **bakrī** (w)	Ziege

Krank sein

Die ayurvedische Medizin ist eine reine Kräutermedizin und sehr billig. Für ein paar Rupien bekommt man eine ganze Flasche mit Pillen, die zudem noch wirken! Der Ayurveda-Arzt ist der **waid** *oder* **waidya,** *der Unani-Arzt der* **hakīm.**

In Indien gibt es gleich mehrere Heilsysteme, mit denen man sich auskurieren kann: In erster Linie ist da die herkömmliche Allopathie, dann die weit verbreitete Homöopathie und das alte indische System der **āyurwedā** (Sanskrit **āyu** = langes Leben; **wedā** = die Wissenschaft; also die „Wissenschaft vom langen Leben"). Da sich die Ayurveda aus hinduistischem Denken herauskristallisiert hat, hat sich ein moslemischer Konkurrent dazu gebildet, die Unani-Medizin. Diese ist ebenfalls eine reine Kräutermethode und unterscheidet sich nur wenig von der Ayurveda. Moslems lassen sich aber häufig durch diese Therapie-Methode behandeln.

Mit einem Smartphone können Sie sich die mit einem gekennzeichneten Sätze dieses Kapitels anhören.

Indische Ärzte sprechen im Allgemeinen Englisch, und bei den besseren unter ihnen werden Hindi-Kentnisse nicht nötig sein. Auf dem Lande kann es aber auch bei Ärzten mit dem Englischen kritisch werden. Bei Ärzten, die überhaupt kein Englisch können, sollte man vorsichtig sein, denn es könnte sein, dass ihre sie eine Ausbildung in einem dubiosen Institut „genossen" haben. Nicht wenige „Ärzte" haben sogar überhaupt keine Ausbildung in Medizin und schmücken sich illegalerweise mit allen erdenklichen Titeln.

Aber auch hier gibt es jede Menge Scharlatane.

Ayurveda- und Unani-Ärzte sprechen oft weniger Englisch als ihre in westlicher Medizin ausgebildeten Kollegen.

merā peṭ dūkhtā hai.
mein Magen schmerzt ist
Ich habe Magenschmerzen.

Hier eine Liste von Körperteilen oder Organen, die man alle an Stelle von **peṭ** *einsetzen kann.*

hāth	Hand
bāñh	Arm
chātī	Brust
kān	Ohr
āñkh	Auge
pair	Fuß
sir	Kopf
pīṭh	Rücken
mūtrāshaya	Niere
pīṭh kī haḍḍī	Rückgrat
dil	Herz
ghuṭnā	Knie
tāñg	Bein
gardan	Nacken
galā	Hals
dānt	Zahn
jigar, kalejā	Leber
phephṛe	Lungen
kāglā	Mandel
kalāī	Handgelenk
māñs-peshī	Muskel

dukh *und* **dard** *haben die gleiche Bedeutung (= Schmerz), sind austauschbar.*

mukhe bukhār lag gayā.
mir Fieber anhaftet geworden
Ich habe Fieber.

mujhe ulṭī ātī hai.
mir Erbrechen kommt ist
Ich muss mich übergeben.

mujhe cakkar ātā hai.
mir Drehung kommt ist
Mir ist schwindelig.

Yahāñ bahut dukh/dard hotā hai.
Hier viel Schmerz gibt's ist
Hier tut's sehr weh.

maiñ bahut bīmār hūñ. yahāñ koī ḍakṭar hai?
ich sehr krank bin hier irgendwer Arzt ist?
Ich bin sehr krank. Gibt es hier einen Arzt?

agar ḍakṭar nahīñ hai, to mujhe aspitāl leke jāo!
wenn Arzt nicht ist, dann mich Hospital genommen geh!
Wenn kein Arzt da ist, bringen Sie mich ins Hospital!

lagtā hai, ki merī bāñh ṭūṭ gayī.
scheint, ist, dass mein Arm gebrochen ging
Es scheint, dass mein Arm gebrochen ist.

mujhe coṭ lagī hai.
mir Verletzung angehaftet ist
Ich bin verletzt.

dawā kahāñ milegī?
Medizin wo erhalten-werden?
Wo kann ich Medizin bekommen?

maiñ cal nahīñ saktā, kripayā mujhe dawā lāo!
ich gehen nicht kann, bitte mir Medizin bringe!
Ich kann nicht gehen, bitte bringen Sie mir Medizin!

Maiñ *diabetes* ka marīz hūñ.
Ich Diabetes von Patient bin
Ich bin zuckerkrank.

Statt des englischen „diabetes" könnte man theoretisch auch das Hindi-Wort **madhu-meh** benutzen, nur kennen die meisten Hindi-Sprecher es nicht!

nīnd nahīñ ātī.
Schlaf nicht kommt
Ich kann nicht schlafen.

bhūkh bilkul nahīñ lagtī.
Hunger überhaupt nicht anhaftet
Ich habe überhaupt keinen Appetit.

pyās bahut hotī hai.
Durst sehr anhaftet ist
Ich habe ständig Durst.

maiñ *„B.P."* kā marīz hūñ.
Ich Blutdruck von Patient bin
Ich habe hohen Blutdruck.

„B.P." ist die indische Kurzform des englischen „blood pressure". Zumeist wird es im Sinne von „high blood pressure" benutzt.

Bei niedrigem Blutdruck setzt man einfach ein „low" vor das „B.P.".

yahāñ pe koī waid/hakīm hotā hai?
Hier auf jemand Ayurveda-Arzt/Unani-Arzt gibt's ist?
Gibt's hier einen Ayurveda-Arzt/Unani-Arzt?

mujhe lagtā hai, wah ek fāltū ḍakṭar hai.
Mir anhaftet ist er ein falscher/nutzloser Arzt ist
Mir scheint, er ist ein Scharlatan.

***insurance* ke liye kagazāt mangtā hai.**
Versicherung für Papiere benötigt ist
Ich brauche Papiere für die Versicherung.

wichtige Vokabeln

bīmār	krank
bīmārī, rog	Krankheit
tandurust, swasth	gesund
tandurustī	Gesundheit
damā	Asthma
haizā	Cholera
sangrahnī	Durchfall

auch: ***loose motions***

mirgī	Epilepsie
sūzāk	Gonorrhoe
sardī	Erkältung
khūn bahnā	bluten
bāy	Rheuma
madhu-meh, *diabetes*	Diabetes
suī	Spritze
cūrnā	Pulver
ilāj	Behandlung; Heilung
badan, sharīr, tan	Körper
julāb	Abführmittel
koṛh	Lepra
khujlī	Ekzem
motī-jharā	Typhus
khāñsī	Husten
kabz	Verstopfung
maroṛ	Krampf
pīliyā	Hepatitis
ūlṭī	Erbrechen
golī	Tablette
dukh, dard	Schmerz
kamzorī	Schwäche
pasīnā	Schweiß
sūjnā	Schwellung
pāgal-pan	Wahnsinn
maleriyā, *malaria*	Malaria
paṭṭī	Bandage
khurāk	Dosis; Diät
fākā	Fasten
dard-gurdā	Kolik
sir-dard	Kopfschmerzen
yaun-rog	Geschlechtskrankheit
marham	Salbe

Literaturhinweise

Hindi-Lehrmaterial zu bekommen ist gar kein Problem, man wird es wahrscheinlich nur bestellen müssen, da kaum ein Buchhändler so etwas „Exotisches“ auf Lager hat.

Alle hier aufgeführten Bücher sind nicht im Reise Know-How Verlag erhältlich. Schauen Sie sich aber mal in Buchhandlungen um, die an einer Uni liegen, die Indologie anbietet. Da müsste was vorrätig sein!

Die **Hindi-Lautlehre mit Einführung in die Devnagari-Schrift** von Vermeer & Sharma, erschienen im Julius Groos Verlag Heidelberg, wäre die richtige Weiterführung nach diesem Kauderwelsch-Band.

Das **Gesprächsbuch Deutsch-Hindi** von Ansari-Markova & Ansari bietet eine Vielzahl von Gesprächssituationen und eine ausführliche Vokabelliste. Vormals erschienen bei VEB Verlag Enzyklopädie Leipzig.

Eine sehr übersichtliche Grammatik bietet **Outline of Hindi Grammar** von R.S. McGregor, erschienen bei Oxford University Press.

Wer fließend lesen kann und die Grammatik recht gut beherrscht, dem empfehle ich die **Chrestomathie der Hindi-Prosa** von Dagmar Ansari. Das Buch bietet Extrakte aus Hindi-Romanen und eine dazugehörige Vokabelliste. Vormals erschienen bei VEB Verlag Enzyklopädie Leipzig.

Hat man die Grammatik gemeistert, dann gibt es hier das Nonplusultra:

Prayog Aur Prayog („Probleme des Sprachgebrauchs") von Jagannathan (Oxford University Press). Das Buch ist in Hindi geschrieben und befasst sich akribisch mit allen Spitzfindigkeiten des Hindi. Aber wie gesagt – ein hoher Standard an Hindi wird vorausgesetzt!

Wörterbücher

... sind leider sehr selten billig. Krishna N. Sharmas **Deutsch-Hindi** (Hinter & Deelmann, Gladenbach) ist ein Riesenwälzer, wird aber allen Ansprüchen gerecht. Das zweibändige **Deutsch-Hindi-Deutsch Wörterbuch** von Gatzlaff-Hälsig (vormals VEB Verlag Enzyklopädie Leipzig) ist von handlicherem Format.

Wer's billiger haben will und ohnehin nach Indien fliegt, sollte sich dort in den Buchhandlungen umsehen. Für ein paar Rupien gibt es da recht brauchbare Lehr- und Wörterbücher!

to phir, Hindī sīkh lo!
also dann, Hindi lern nimm!
Also los, lern Hindi!

Wörterlisten

Die folgenden Wörterlisten sind als Grundwortschatz gedacht und enthalten über 2000 Einträge. Nicht aufgenommen sind Wörter, die man leicht den entsprechenden Kapiteln entnehmen kann; im Zweifel bitte dort nachsehen.

Nach einem Hauptwort ist in Klammern das betreffende **Geschlecht** angegeben: (m) für männlich, (w) für weiblich, und in den wenigen Fällen, in denen beide Geschlechter möglich sind, (m/w). Bei Eigenschafts- und Umstandswörtern wird das Geschlecht nur angegeben, wenn es verschiedene Formen gibt. Findet sich keine Angabe, so sind alle Formen (m/w, Ez/Mz) gleich.

Längere Wörter sind durch **Bindestriche** in ihre Bestandteile aufgespalten, um das Lesen und die Aussprache zu erleichtern. Im Hindi existiert dieser Bindestrich meist nicht, außer bei zusammengesetzten Begriffen.

Wörter aus dem Englischen sind zumeist kursiv geschrieben und werden dann englisch ausgesprochen. Wird ein englisches Wort üblicherweise sehr „verhindisiert" augesprochen, wird es wie ein Hindi-Wort transkribiert.

Die mit dem Zusatz „vulgär" bezeichneten Vokabeln sollten nicht oder nur mit großer Vorsicht gebraucht werden, auch wenn man sie im Alltagsleben häufig hört! Sie zu verstehen, kann aber sicher nicht schaden.

Wörterliste Deutsch – Hindi

A

abbiegen moṛnā
Abend shām (w)
abends shām ko
abfahren calā jānā (m) / calī jānā (w)
Abfall kacrā (m), raddī (w)
Abfalleimer raddī (w) kī tokṛī (w)
abgereist calā gayā (m) / calī gayī (w)
ablegen (Kleidung) kapṛā (m) nikālnā
ablegen (aufbewahren) rakhnā
aber magar, kintu, lekin, par, parantu
Absicht irādā (m), maksad (m)
Abzweigung moṛ (m)
ach Gott! he rām!
ach je! hāy!
ach, du meine Güte! hāy-hāy!
ach so! acchā!
Adresse patā (m)
adieu! (formell) al-widā!
aggressiv hamlā-war
allein akelā (m) / akelī (w)
alle/s sab, sabhī
alle Leute sab log
Almosen bhīkh (w), dān (m)
Almosen geben dān (m) denā
Alphabet warṇa-mālā (w)
als jab
als gerade jabhī
als ob mānoñ, jāno
alt (Gegenstand) purānā (m) / purānī (w)
alt (Gegenstand) jūnā (m) / jūnī (w)
alt (Person) būṛhā (m) / būṛhī (w)
alt (Person, formell) buzurg
Alter umar (w), umra (w), āyu (w)
Alter, hohes būṛha-pan (m)
Ältestenrat (im Dorf) pañcāyat (w)
Analphabet anakshar (m), anpaṛh (m)
anbrennen Essen) jalnā
anbringen lagānā
anderer(e) dūsrā (m) / dūsrī (w)
andere(e) anya
andernfalls nahīñ to, warnā
anders (auf andere Art) dūsrī tarah se
anders (andersartig) alag prakār kā (m) / alag prakār kī (w)
angeben (prahlen) dhuāñ (m) karnā; ḍīng (w) mārnā
Angeber ḍīng (w) mārne-wālā (m)
angebrannt (z.B. Essen) jal gayā (m) / jal gayī (w)
angenehm (bequem) ārām-deh
Anfang shurū (w), shurūāt (w), ārambh (m)
anfangen shurū (w) karnā, shuruāt (w) karnā, ārambh (m) karnā
anfassen hāth (m) lagānā
annehmen (akzeptieren) swīkār (m) karnā
annehmen (vermuten) mannā

angreifen hamlā (m) karnā, ākramaṇ (m) karnā
Angriff hamlā (m), ākramaṇ (m)
Angst ḍar (w), bhay (m)
Angst haben ḍarnā
anhalten, stoppen (etwas) rokhnā
anhalten (selber) rukhnā
anklagen ārop (m) karnā
anrufen *phone* (w) karnā
Anstellung rozgāṛ (m)
anstregen, sich mehnat (w) karnā
Anstrengung mehnat (w)
Antrag āwedan (m)
Antrag stellen āwedan (m) karṇā
Anwalt wakīl (m)
Antwort jawāb (m), uttar (m)
antworten jawāb (m) dena, uttar (m) denā
anziehen (Kleidung) pahnnā
anzünden jalānā
applaudieren tāliyāñ (w) bajānā
Apotheke dawā-khānā (m)
Arbeit kām (m), **(harte)** mehnat (w)
arbeiten kām (m) karnā, mehnat (w) karnā
arbeitslos be-rozgār, nikammā (m) / nikammī (w)
Ärger (Unannehmlichkeit) gaṛbaṛ (w), lafṛā (m) *(Slang)*
arm garīb, daridra
Arm bāh (w), bāzū (m)
Armee senā (w), fauz (w)
Armreif cūṛī (w)
armselig kambakht
Armut gharibī (w)
Art (Weise) prakār (m), tarah (w)
Arznei dawā (w), dawāī (w)
Arzt dākṭar
Arzt (ayurvedisch) waid (m)
Arzt (Unani-Medizin) hakīm (m)
Ast shākhā (w)
atmen sāñs (w) lenā
attraktiv ākarshak, manohar
au weia! hāy-hāy!
Aubergine baingan (m)
auch bhī
auf par, pe
auf Wiedersehen phir milenge (bis bald); namasté, namaskār
Aufgabe (Pflicht) kām (m), niyat karya (m)
aufgeben choṛnā, choṛ denā
aufgepasst! khabardār!, sawadhān!
aufpassen (auf etwas) dekhbāl (m) karnā
aufrichtig (ehrlich) imāndār
Aufstand krānti
aufstehen uṭhnā
aufwachen jāgnā
aufwecken jagānā
Auge ankh (w)
Augenblick pal (m), kshaṇ (m), lamhā (m)
Augenlid palak (w)
aus (von) ... ... se
ausbeuten (jmd.) (kisī kā) dohan (m) karnā
Ausbeutung dohan (m)
Ausbildung shikshā (w)
Ausdauer (Zähigkeit) sahan-shakti (w)
ausdauernd (zäh) sahan-shīl
Ausgang (-stür) nikās (m)
ausgeben (Geld) kharc (m) karnā
ausgeben (jmd. etwas, spendieren) dilānā
ausgeben (jmd., zu essen) khilānā
ausgeben (jmd., zu trinken) pilānā
ausgenommen ... ... ke bagair
ausgezeichnet baṛhiyā
Ausländer/in wideshī (m), pardeshī
Ausland widesh (m), pardesh (m)
Ausrede bahānā (m)
ausruhen ārām (m) karnā
ausrutschen phisalnā

Ausschreitung, Straßenschlacht dangā-fasād (m)
außer ... ... ke alāwā, ... ke bagair
aussteigen utarnā
Austausch badlī (w), pariwartan (m)
Ausstellung pradarshinī (w)
auswählen cun lenā
Auszahlung bhugtān (m)
ausziehen (Kleidung) kapṛā (m) utārnā
Auto moṭar, moṭor-gāṛī
Ayurveda āyurwed (m)
ayurvedische Medizin āyurwed kī dawāa (w), āyurwed kī dawāī (w)

B

Bach nālā (m), choṭī nadī (w)
Bad snān (m)
baden nahānā, snān (m) lenā
Badezimmer ghusal-khānā (m)
bald turant, jaldī
Ball gend (w), *ball* (w)
Ballspiel gend-bāzī (w)
Bambus bāñs (m)
Bananenstaude kele kā peṛ (m)
Bande (Gruppe) giroh (m)
Bank (finanz.) *bank* (w)
Bart dāṛhī (w)
Bauch peṭ (m)
Bauchladenverkäufer pherī-wālā (m)
Bauchschmerzen peṭ ka dard (m)
Bauer kisān (m)
Baum peṛ (m), wriksh (m), darakht (w)
beachten sawadhān (m) karnā
Beamter adhikārī (m)
beantragen āwedan (m) karnā
bedauern afsos honā
Bedeutung matlab (m)
bedeutungslos binā matlab
bedrohen ḍāṇṭnā
Bedrohung ḍanṭ (w)
beenden samāpt karnā
beendet samāpt, khatam
beeinflussen prabhāw ḍālnā
Befehl hukm (m), ādesh (m)
begrüßen swāgat (m) karnā
Begrüßung swāgat (m)
Bein ṭāng (w)
beginnen shurū (w) karnā, shurūāt karnā (w), ārambh (m) karnā
begrüßen praṇām (m) karnā
behalten (bei sich) āpne (m) / apnī (w) pās rakhnā
behandeln (med.) ilāj (m) karnā
Behandlung (med.) ilāj (m)
bei ... ... ke pās, ... ke ās-pās, ... ke karīb
beinahe karīb-karīb, prāyah
beißen kāṭnā
Beispiel misāl (w)
bekommen milnā, prāpt karnā
Beleidigung gālī (w), apmān (m)
beleidigen gālī (w) denā, apmān (m) karnā
beliebt lokprīya
bellen bhaunknā
belohnen ināam (m) denā
Benehmen rawaiyā (m)
benötigen cahnā, zarūrat (w) honā
benutzen istemāl (m) karnā
beobachten dekhnā, awlokan (m) karnā
beraten salāh (w) denā
Berg pahāṛ (m), parwat (m), giri (m)
bergig pahāṛī
berühmt mashhūr, prasiddh
Beruf jīwikā (w), kām (m)
berühren chūnā
Besen jhāṛū (m)
bescheiden winīt
beschimpfen gāli (w) denā
beschützen surakshā (w) karnā)

Besitz sampattī, jaydād (w), dhan (m)
besondere/r wishesh, khās
besonders (insbesondere) khās taur pe
besser behtar, aur acchā (m) / aur acchī (w)
bestechen rishwat (m) denā
Bestechungsgeld rishwat (w)
besten, am behtarīn, sab se acchā (m) / sab se acchī (w), shreshṭh
bestrafen sazā (w) denā
besuchen (etw.) dekhne jānā
besuchen (jmd.) milne jānā
beten pūjā (w) karnā
beten (erbitten) prārthanā (w) karnā
Bett pālang (m), bistar (m)
Bett (trad. ind. Bett) cārpaī (w)
Bett machen (bereiten) bistar (m) lagānā
betteln bhīk (w) māngnā
Bettgestell cārpāī (w)
Bettlaken cādar (w)
Bettler bhikhārī (m)
Bettlerin bhikhārin (w)
Betrug fareb (m), dhokhā (m)
Betrüger farebī (m)
betrügen dhokha denā
betrunken matwālā (m) / matwālī (w), mastānā, nashe meñ
Beutel jholā (m)
Bevölkerung ābādī (w), jantā (w)
Bevölkerung (-szahl) jan-sankhyā (w)
bewahren (aufbewahren) rakhnā
bewahren (beschützen) surakshā (w) karnā
bewegen (etwas) hilānā
bewegen (sich) hilnā
Bewohner wāsī (m)
bezahlen paisā (m) denā, kharc karnā, cukānā
biegen moṛnā
binden bāndhnā
Bild taswīr (w), citra (m)
Bildung shīkshā (w)
billig sastā (m) / sastī (w)
bis (zu) ... ... tak
bisschen, ein ṭhorā-sā (m) / ṭhorī-sī (w), zarā-sā
bitte! kripayā!
Bitte bintī (w), māng (w)
Blatt pattā (m)
blau nīlā (m) / nīlī (w)
Blick nazar (w), nigāh (w)
blind andhā (m) / andhī (w)
bleiben (sich aufhalten) ṭhahrnā
Bleistift kalam (m/w)
Blitz bijlī (w)
Blume phūl (m)
Blumengirlande phūl-mālā (w)
Blumenkohl gobhī (w)
Bluse (unter dem Sari) colī (w)
Blut khūn (m), rudhir (m), rakt (m)
Boot kishti (w), naw (m), jahāz (w)
Börse (Geld-) batuwā (m)
böse burā (m) / burī (w), dushṭ
Boss mālik (m), seṭh (m)
Botschaft (Nachricht) sandesh
Botschaft (dipl.) rājdūt-āwās (m)
braten *fry* karnā
braun bhūrā (m) / bhūrī (w)
Braut dulhan (w), wadhū (w)
Bräutigam dulhā (m), war (m)
bravo! shabāsh!, wāh-wāh!
breit cauṛā (m) / cauṛī (w)
brechen (zerstören) toṛnā
brechen (sich übergeben) ulṭiyāñ (w) karnā
brennen jalnā
Brief patra (m)
Briefmarke ḍāk kī ṭikaṭ (w)
Brille cashmā (m), cashme (m; Mz)
Brief khat (m)
bringen le ānā
Brot paoñ (m), paoñ-roṭī (w)

Brot (Sandwich) *double*-roṭī (w)
Brücke pul (m)
Bruder bhāī (m)
Bruderschaft biradrī (w)
Brunnen kuāñ (m)
Brust sīnā (m), chātī (w), stan (m)
Buch kitāb (w), pustak (w)
bunt rangīlā (m) / rangīlī (w)
Büro daftar (m), āfis (w)
Bus *bus* (w)
Butter makkhan (m)
Buttermilch chāch (w)

C

Chauffeur *driver* (m)
Chef mālik (m), seṭh (m)
Chefin mālkin (w)
Chemie rasāyan (m)
chemisch rasāynik
Chili, rot lāl mirc (w)
Chili, grün hārī mirc (w)
China cāinā (w)
chinesisch cīnī
Computer kampyūṭar (w)
Curry kaṛhī (w)

D

da (räumlich) wahāñ
Dame bāī (w)
danach uske bād
dann phir
danke dhanyawād, shukriyā
danken dhanyawād (m) denā, shukriyā ādā karnā
dass ki
Daumen angūṭhā (m)
Decke (Bett-) kambal (m)
Decke (Zimmer-) chat (m)
dein terā (m) / terī (w)
Demokratie lok-tantra (m)
demokratisch lok-tāntrik
Demonstration (polit.) julūs (m), morcā (m) *(Slang)*
denken socnā
Denkmal smārak (m)
der, die, das wah, woh; **(jene/r, welche/r)** jo
deutsch *German*
Deutschland *Germany*
Devanagari-Schrift dewnāgarī (w)
Dialekt upa-bhāshā (w)
Dichter kawi (m)
Dieb cor (m)
Diebstahl corī (w)
Diener naukar (m)
Dienst sewā (w), khidmat (w)
Dienst erweisen sewā (w) karnā, khidmat (w) karnā
dick moṭā (m) / moṭī (w)
dicht (eng, undurchdringlich) ghanā (m) / ghanī (w)
dies/e (Ez) yah
die, diese (Mz) ye
Diktator tānā-shāh (m)
Diktatur tānā-shāhī (w)
Disziplin anu-shāsan (m)
doch hī
Donner garaj (m)
Dorf gaoñ (m), grām (m)
Dorfbewohner gaoñ-wālā (m)/gaoñ-wālī (w)
dörflich, Dorf- grāmīṇ
dort wahāñ, udhar
dorthin udhar
draußen bāhar
draußen von ... ... ke bāhar
drinnen andar, bhītar
drinnen von ... ... ke andar, ... ke bhītar
Drittel tihāī (w)
dritte/r/s tīsrā (m) / tīsrī (w)
Droge *drug* (w), nashā (m) *(Slang)*
Drogenkonsument nashā-khor (m)
drohen dhamkī (w) denā
bedrohen (auch: zurechtweisen) ḍāñṭnā
Drohung dhamkī (w)
drucken chāpnā
drücken dabānā
dumm be-wakūf, mūrkh
Dummheit be-wakūfī (w), mūrkhtā (w)
Dummkopf buddhū (m) *(Slang)*
dunkel andherā (m) / andherī (w)
Dunkelheit andhkār (m), andherā (m)

dünn patlā (m) / patlī (w), dublā (m) / dublī (w)
durch (mit Hilfe von) ... ... ke mādhyam se, ... ke dawārā
Durst pyās (w)
durstig (auch: sehnsüchtig) pyāsā (m) / pyāsī (w)

E

echt aslī
Ecke konā (m)
egal! parwah nahīñ!, koī bāt nahīñ!
Ehe (-leben) wiwāhit jīwan (m)
Ehefrau bīwī (w), patnī (w)
Eheglück suhāg (m)
Ehemann pati (m), patidew(m)
ehrlich īmāndār
Ehrlichkeit īmāndārī (w)
Ei aṇḍā (m)
Eifersucht īrshyā (w)
eifersüchtig īrshya-pūrn
eigen/e/r apnā (m) / apnī (w)
Eimer bālṭī (w)
einfach (simpel, geradlinig) sādā (m) / sādī (w)
einfach (geradlinig; Pers.) sīdhā-sādā (m) / sīdhī-sādī (w)
einfach (leicht) saral, āsān
Eiter mawād (m), pīp (w)
ein bisschen thoṛā-thoṛā (m) / thoṛī-thoṛī (w)
Einbildung (Illusion) kalpanā (w)
eingeladen āmanṭrit
einige kaī
einige (so einige) kaī-kaī
einladen āmantraṇ (m) karnā, nimanṭrit karnā
Einladung āmantraṇ (m), nimantraṇ (m)
Einöde, Dschungel jangal (m)
einpacken, einwickeln lapeṭnā, *pack* karnā
einsam tanhā (m) / tanhī (w), ekākī
Einsamkeit tanhāī (w), ekākī-pan (m)
einschlafen nīnd (w) ānā
Einzahl alp-sankhyā (w)
einzeln alag, alag-alag
einzelne/r/s iklautā (m) / iklautī (w)
Einzelhandel khudrā (m)
Eis baraf (w)
Eisen lohā (m)
Elektrizität bijlī (w), widyūt (m)
Elend dur-dashā (w)
empfehlen sifārish (w) karnā
Empfehlung sifārish (w)
empfindlich nāzuk
Ende ant (m), samāpti (w)
endlich (schließlich) ākhir meñ
energisch joshīlā (m) / joshīlī (w)
energisch tez-tarrār
eng (eng gebunden) kasā (m) / kasī (w), driṛh
eng (schmal) sankīrṇ
englisch angrezī
Englisch (Sprache) angrezī bhāshā (w)
Ente battakh (w)
entfernen haṭānā
Entfernung dūrī (w), fāslā (m)
entlassen haṭānā
entschuldigen, etwas māf karnā
Entschuldigung māfī (w)
erbrechen ulṭiyāñ (w) honā
Erdbeben bhū-kamp (m)
Erde (Welt) duniyā (w), wishwa (m)
Erde (Boden, Sand) miṭṭī (w)
Erdnuss mūng-phalī (w)
Erdöl bhūmi-tel (m)
Ereignis ghaṭnā (w)
erfahren anubhaw-shīl
Erfahrung anubhaw (m)
erfinden āwishkār (m) karnā
Erfindung āwishkār (m)
Erfolg saphaltā (w)
erfolglos na-saphal

erfolgreich saphal
erhalten (bekommen) prāpt karnā, pānā
erhalten (schützen) surakshit rakhnā, bacānā
erinnern, sich yād (w) karnā
erinnern, jemanden yād (w) dilānā
Erinnerung yād (w)
Erinnerung (formell) smaraṇ (m)
Erkältung shardī (w), zukām (m)
erkennen pahcannā
Erkenntnis (Verstehen) samajh (w)
erklären samjhānā
erlauben anumati (w) denā, izāzat (w) denā
Erlaubnis izāzat (w), anumati (w)
ernst gambhīr
erpressen bhaya-dohan (m) karnā
Erpressung bhaya-dohan (m)
erstaunlich āsharya-janak, āsharya-kārak
erste/r pahlā (m) / pahlī (w), paihlā (m) / paihlī (w)
ertragen bardāsht (w) karnā, sahan (m) karnā
erwähnen ullekh (m) karnā, carcā (w) karnā
erwarten (erhoffen) pratyāshā (w) karnā
Erwartung pratyāshā (w)
erzählen batānā, kahnā
Erzählung kahānī (w)
erzeugen paidā karnā
essen khānā
essen (formell) bhojan (m) lenā
Essen khānā (m)
Essen (formell) bhojan (m)
etwa lagbhag, takrīban
etwas kuch
etwas anderes kuch aur
Eule (auch: Dummkopf) ullū (m)

F

fähig kābil, yogya
Fähigkeit kābiliyāt (w), yogyatā (w)
fahren jānā
fahren (selber fahren) calānā
Fahrer *driver* (m), cālak (m)
Fahrpreis (Tickets etc.) bhāṛā (m)
fangen pakaṛnā
fallen girnā
falsch (nicht richtig) galat
falsch (gefälscht) naklī, jālī
falsch (Person) fāltū
fälschen nakal (m) karnā
Familie pariwār (m)
Fanatiker kaṭṭar-panthī (m)
fanatisch kaṭṭar
Fantasie kalpanā (w)
fantastisch (großartig) anyuttam
Farbe rang (m)
farbig rangīlā (m) / rangīlī (w)
fast karīb-karīb, prāyah
faul (Person) ālsī, sust
faul (Lebensmittel) kharāb ho gaya (m) / kharāb ho gayī (w)
Faulheit sustī (w)
Faust muṭṭhī (w)
fegen jhāṛū (m) denā, jhāṛū (m) lagānā
Fehler galtī (w), kasūr (m), bhūl (w)
Feier utsaw (m)
Feige añjīr (m)
feige kāyartā-pūrṇ
Feigling kāyar (m)
Feind dushman (m), shatru (m)
Feld khet (m)
Feldarbeit kheti-bārī (w)
Fenchel sauñf (m)
Fenster khiṛkhī (w)
fern dūr
Fernsehen ṭī-wī (w), dūr-darshan (m)
fernsehen ṭī-wī (w) dekhnā
Fernsehzuschauer ṭī-wī darshak (m)

fest (solide) ṭhos
Fest utsaw (m)
feucht bhīgā (m) / bhīgī (w)
Feuer āg (w), agni (w)
Fieber bukhār (w)
finden (heraus-) pata lagānā
Finger unglī (w)
Fingernagel nā-khūn (m)
Film (Foto-) *film* (w)
Film (Kino-) *movie* (w)
Film entwickeln *film* (w) dhonā
Filmindustrie *film*-udyog (m)
Filmstar *filmi hero* (m) / *filmi heroine* (w)
flach samatal
Fläche kshetra-pal (m)
Fladenbrot (groß, im Ofen gebacken) nān (w)
Fladenbrot (klein, im Ofen gebacken) roṭī (w)
Fladenbrot (klein, auf Herdplatte gebacken) capātī (w)
Flasche boṭal (w), baṭlī (w)
Fleisch māñs (m)
Fleischesser māñs-khor (m)
fleischlich (nicht-vegetarisch) māñsāhārī
Fleiß mehnat (w)
fleißig mehnatī
flicken rafū (m) karnā
Flickschneider rafūgar (m)
Fliege makkhī (w)
fliegen uṛnā
fliehen bhāgnā
fließen bahnā
Fluch (Beleidigung) gālī (w)
Flüchtling sharṇārthi (m)
Flug uṛān (w)
Flughafen hawāī aḍḍā (m), wimān-sthal (m)
Flugzeug wimān (m), hawāī jahāz (w)
Fluss nadī (w)
Fluss (großer) dariyā (m)
fordern māngnā
Forderung māng (w)
Form (Gestalt) rūp (m)
Fort (Festung) kilā (m), gaṛh (m), koṭ (m)
fortgehen calā jānā (m) / calī janā (w)
Fortschritt unnati (w), pragati (w), wikās (m)
fortschrittlich unnati-shīl, pragati-shīl, wikās-shīl
Foto *photo* (w)
Fotograf foṭografar (m), chāyā-kār
fotografieren *photo* (w) khīñcnā
Frage sawāl (m), prashna (m)
fragen pūñchnā
Frau aurat (w), mahīlā (w)
Frau (formell) strī (w), nārī (w)
Frau ... (Anrede) shrimatī ...
frei azād, mukt
frei (Zimmer etc.) khālī
Freiheit azādī (w)
Freiheit (polit.) swa-tantratā (w)
Freitag shukra-wār (m)
fremd (seltsam) ajīb
fremd (ausländisch) parāyā (m) / parāyī (w), wideshī, pradeshī
Fremder ajnabī (m)
Freude khushī (w), ānand (m)
Freund dost (m), mitra (m)
Freundin (einer Frau) sahelī (w), sakhī (w)
Freundin (eines Mannes), Geliebte) premikā (w)
freundlich dildār
freundlich (gast-) meharbān
Freundschaft dosti (m), dostānā (m)
freundschaftlich dostānā (m) / dostānī (w)
Frieden shānti (w)
friedlich shānti-pūrṇ
frisch tāzā
Friseur nāī (m)
fröhlich hañs-mukh, khush
Frucht phal (m)
früh jaldī
früh morgens subah-sawere, sakāl
früher oder später der-sawer

Frühling bahār (w)
Frühstück nāshtā (m)
fühlen bhāw (m) honā
füllen (voll machen) bharā denā
Furcht daṛ (m), bhay (m)
für ... ... ke liye
füreinander ek dūsre ke liye
fürchten ḍarnā
Fuß pair (m), pād (m), caraṇ (m)
Fußboden farsh (w)
Futter (Vieh-) cārā (m)

G

Gabel kāṇṭā (m)
gähnen zambhāī (w) lenā
ganz pūrā (m) / pūrī (w)
gar (gekocht) pakkā (m) / pakkī (w)
Garn dāgā (m)
Garten bāgīcā (m)
Gast mehmān (m)
Gastfreundschaft mehmānī (w)
geben denā, de denā
Gebet prārthanā (w)
Gebet (Hindu-) pūjā (w)
Gebet (moslem.) namāz (m)
Gebiet ilākā (m)
gebildet paṛhā-likhā (m) / paṛhī-likhī (w)
geboren paidā
Geburt janam (m), janma (m), paidaish (w)
Geburtsort janam-sthān (m), janma-sthān (m)
Geburtstag janam-din (m), janma-din (m), warsh-gāṇṭh (w)
Gedicht kawītā (w)
Geduld dhīrtā (w)
geeignet lāyak, yogya
gegen ... ... ke khilāf
gegen ... (Sport) banām ...
Gefahr khatrā (m)
gefährlich khatar-nāk
Gefängnis jel (w), jel-khānā (m)
Gefühl bhāw (m)
Gefühle jazbāt (m; Mz)
Gegenwart wartmān (m)
Gehalt (Einkommen) āy (w), āmdanī (w), pagāṛ (m)
gehen jānā, calnā
Gehirn dimāg (m), mastishk (m), bhejā (m)
Geist bhūt (m), pret (m)
Geiz kañjūsī (w)
Geizhals kañjūs (m)
gelb pīlā (m) / pīlī (w)
Gelbsucht pīliyā (m)
Gelbwurz haldī (w)
Geld paisā (m), paise (m; Mz)
Geldschein *note* (w)
Gelegenheit maukā (m), awsar (m)
gelegentlich kabhī-kabhī
gemacht (worden) ban gayā (m) / ban gayī (w)
gemacht werden (entstehen) bannā
gemein (Person) kamīnā (m) / kamīnī (w), dushṭ
Gemüse sabzī (w), sabjī (w)
genug! bas!
genügend kāfī
Genuss aish (m)
genießen aish (m) karnā
Gepäck sāmān (m)
gerade sīdhā (m) / sīdhī (w)
geradeaus sīdhā; sīdhī or, sīdhī taraf
gerecht nyāy-sangat
Gerechtigkeit insāf (w), nyāya (m)
Quatsch bakwās (m)
Geruch bū (w)
Gerücht afwāh (w)
Gesellschaft (Gemeinschaft) samāj (m)
Gesetz kānūn (m)
Geschäft (Laden) dukān (m/w)
Geschäft (Branche) wyapār (m)
Geschäftsinhaber dukāndār (m)

Geschäftsmann wyapārī (m)
Geschenk tohfā (m)
Geschichte (Erzählung) kahānī (w)
Geschichte (Historie) itihās (m)
geschichtlich (historisch) aitihāsik
geschickt cālāk, kushal, daksha
Geschlecht ling (m)
Geschlechtskrankheit yaun-rog (m), gupt-rog (m)
geschlossen band
Geschmack swād (m)
Geschwindigkeit raftār (w), cāl (w)
Gesicht cehrā (w), shakl (w)
Gespräch bāt (w), bāt-cīt (w), guftagū (w)
gestern kal
gestrig, von gestern kal kā (m) / kal kī (w)
gesund tandurust, swasth
Gesundheit swāsthya (m), tandurustī (w), sehat (w)
Gestank bad-bū (w), durgandh (w)
Getränk *drink* (w), pey (m)
Getreide anāj (m)
Gewalt hiñsā (w)
Gewaltlosigkeit ahiñsā (w)
gewalttätig hiñsātmak
Gewehr bandūk (w)
Gewicht wajan (m)
Gewinn (Profit) lābh (m), fāydā (m)
gewinnbringend fāyde-mand
gewinnen jītnā
Gewohnheit ādat (w)
gewöhnt an ... ... se ādī
gewöhnt sein ādī honā
gewöhnlich (normal) ām, māmūlī, sadhāraṇ
gewöhnlicherweise aksar, sadhāraṇ taur pe
Gewürz, Gewürzmischung masālā (m)
gibt es ... ? ... hai?
Gier lālac (w), lobh (m)
gierig lālcī
Gift zahar (m), wish (m)
giftig zaharīlā (m) / zaharīlī (w)
Gipfel (Berg-) coṭī (w), shikhar (m)
Glas (zum Trinken) gilās (w)
Glas (Material) kāc (m)
Glatze gañjā (m)
Glaube wishwās (m)
glauben mānnā, wishwās (m) karnā
gleich ... (ähnlich) ... ke māfik, ... ke barābar
gleichen barābar honā
Glück (Zufriedenheit) khushī, prasannatā (w)
Glück (Zufall) khush-nasīb, sau-bhagya (m)
glücklich (zufrieden) khush, prasanna
glücklos bad-nasīb
Glückwunsch shubh-kamnā (w)
Gold sonā (m)
Goldschmied sonār (m)
Gott bhagwān (m), īshwar (m), param-ātmā (m), parameshwar (m)
Gott („der da oben") ūpar-wālā (m) *(Slang)*
Gott (der christliche) param-ātmā (m), parameshwar (m)
Gott (islam.) allāh (m)
Gott (d. Sikhs) wāhi-guru (m)
Gott (einer der vielen) dew (m), dewā (m)
Götterfigur mūrti (w)
Gottheit dewtā (w)
Göttin (eine der vielen) dewī (w)
Grammatik wyakāraṇ (m)
Grenze sīmā (w)
Grippe zukām (m)
grob (-schlächtig) bāzārū
groß baṛā (m) / baṛī (w), wishāl
groß (großartig, edel) mahān
großartig baṛhiyā
Größe (Körper-) kad (m)
Größe (Großartigkeit) mahāntā (w)

Größe (Kleidungs-) *size* (w)
Großfamilie samyukt pariwār (m)
Großgrundbesitzer zamīndār (m)
Grund (Ursache) wajah (w), kāraṇ (m)
grün harā (m) / harī (w)
Gruppe dal (m)
Gruß praṇām (m)
Guave amrūd (m)
gültig waidh
Gurke kakṛī (w)
Gürtel peṭī (w)
gut acchā (m) / acchī (w), ṭhīk, baṛhiyā
gut (edel, aufrichtig) nek
guten Tag! namasté!, namaskār!

H

Haar bāl (m)
haben honā;
Hafen bandar (m), bandar-gah (w)
Hai *shark*-machlī (w)
hallo! *hello!*, namasté!
hallo! (dörflicher Gruß) rām-rām!, jay rāam-ji kī!
Hals galā (m)
Hammer hathauḍā (m)
halb- ardh-
halb ādhā (m) / ādhī (w)
Hälfte ādhā (m)
Hand hāth (m)
Handel saudā (m)
Handel treiben saudā (m) karnā
Händler audāgar (m), wyapārī (m)
Handtuch tauliyā (m)
Handy *mobile* (w)
Halle *hall* (w)
halten (in der Hand) rakhnā, pakaṛnā
halten (anhalten) okhnā
halten (jmd./etw. anhalten) rukhnā
Haltung (Einstellung) rawaiyā (m)
hart kaṭhor, kaṛak
Hase karghosh (m)
Haupt- mukhya ...
Hauptstadt rājdhānī (w)
Haus ghar (m), makān (m), manzil (w)
Haus, einstöckiges banglā (m)
Haut camṛī (w)
Haschisch caras (m)
Haschisch rauchen caras (m) pīnā
Hass nafrat (w), dwesh (m)
hassen nafrat (w) karnā
hasserfüllt dwesh-pūrṇ
hässlich ku-rūp, bad-sūrat
Heft (Schul-) kāñpī (w)
heben uṭhānā
heilig pawitra
Heilmittel ilāj (m)
Heilpflanze būṭī (w)
Heimat (Geburtsort) janam-sthān (m), janma-sthān (m)
Heimatland swadesh (m), mātr-bhūmī (w)
heimlich chipke-chipke, chupke-chupke
Heirat shādī (w), wiwāh (m), byāh (m)
Heirat (moslem.) nikāh (m)
heiraten shādī (w) karnā
heiß garam
helfen madad (m) karnā, sahāytā (w) karnā
hell oshan, roshnī-wālā (m) / roshnī-wālī (w), camakīlā (m) / camakīlī (w)
Hemd kamīz (w)
Hemd (trad. ind.) kurtā (m)
Herbst pat-jhaṛ (m)
Herd cūlhā (m)
Herr ... (Anrede) shrī ...
Herr ... (sehr höfl. Anrede) shrīmān ... (m)
Herz dil (m), hriday (m)
herzlich dildār
heute āj
heutzutage ājkal
hier yahāñ, idhar
hier und dort titar-bitar
hierhin idhar
Hilfe madad (w), sahāytā (w)
Himmel ākāsh (m), āsmān (m)
Himmel (abst.) swarg (m)

Hindi hindī (w)
Hindi-Sprecher hindī-bhāshī (m)
Hindu hindū (m)
Hinduismus hindū-dharm (m)
hinduistisch hindū (m/w)
hinunter nīce
hinauf ūpar
hinten pīche
hinter ... ... ke pīche
Hitze garmī (w), dhūp (w)
Hobby shauk (m)
hoch ūñcā (m) / ūñī (w)
hoch lebe ... ! ... zindābad!
höchstens adhiktam
Hof āngan (m)
hoffen āshā (w) karnā, ummīd (w) karnā
hoffentlich āshā hai ki ..., ummīd hai ki ...
Hoffnung āshā (w), ummīd (w)
höflich shishṭ
Höflichkeit shishṭtā (w)
Höhe ūñcāī (w)
Höhle gūfā (m)
Holz lakṛī (w)
homosexuell sam-laingik
Homosexueller sam-ling-wādī (m)
Hotel hoṭel (w)
hören sunnā
Hose patlūn (m), *pants* (w)
Hose (trad. indische) pājāmā (m)
hübsch sundar
Hüfte kamar (w)
Hügel pahāṛ (m)
hügelig pahāṛī
Hügel giri (m)
Hunger bhūkh (w);
hungrig bhūkhā (m) / bhūkhī (w)
hupen *horn* (w) bajānā
Hut ṭopī (w)
Hütte jhomphṛā (m), jhompṛī (w)

I

immer hameshā
illegal awaidh, gair-kānūnī
in ... ... meñ
in ... (mittendrin) ... ke andar, ... ke bhītar
Inder bhārat-wāsī (m)
Indien Bhārat (m), Hindustān (m)
indisch bharatīya, hindustānī
Industrie udyog (m) pion
Inflation mudrā-sphīti (w)
Information sūcnā (w), jānkārī (w)
Informieren sūcit karnā
Ingwer adrak (m)
Intelligent hoshiyār, buddhi-mān, akl-mand
Intelligenz buddhi (w), akl (m)
interkonfessionell (z. B. Hindu-Moslem) sam-pradāyik
interkonfessionelle/r Aufstand, Ausschreitungen sam-pradāyik dangā (m)
international antar-rāshṭrīya
Insekt kīṛā (m)
Insekten kīṛre-makoṛe (m; Mz)
Insel ṭāpū (m), dwīp (m)
interessant dilcasp
Interesse shauk (m)
irgeneine/r/s koī bhī
irgendwann kabhī bhī
irgendwann einmal kabhī na khabhī
irgendwelche kāī
irgendwer koī, koī bhī
irgendwie kaise bhī
irgendwo kahīñ, kahīñ bhī

J

ja hāñ
Jahr sāl (m), warsh (m), baras (m)
Jahr für Jahr prati-warsh
Jahreszeit mausam (m), ritu (m)
Jahrhundert shatabdī (w)
jährlich prati-warsh
jede/r har
jede/r einzelne har-ek, pratyek
jetzt abhī
Job kām (m), peshā (m), naukerī (w)
Joghurt dahī (m)

Wörterliste Deutsch – Hindi

Journalist patra-kār (m)
jucken khujlī (w) honā
Jubiläum warsh-gāṇṭh (w)
Jugend (-alter) jawānī (w)
jugendlich nau-jawān
jung jawān
Junge laṛkā (m), choṛā (m), chokṛā (m)
junge Frau yuwatī (w)
junger Mann yuwāk (m)

K

Kaffee *coffee* (w)
Kalender tithi-patra (m)
kalt ṭhaṇḍā (m) / ṭhaṇḍī (w)
kämmen kanghī (w) / kanghā (m) karnā
Kampf laṛāī (w)
kämpfen laṛnā
kaputt kharāb ho gayā (m) / kharāb ho gayī (w), barbād
Karre ṭhelā (m)
Kartoffel ālū (m)
Käse (indischer) panīr (m)
Käse (westl.) *cheese* (w)
Kaste jāti (w)
kauen cabānā
kaufen kharīdnā, kharīd lenā
Kautabak zardā (m)
kennen jānnā, pahacanna
Kerze mombattī (w), dīyā (m)
Kind baccā (m) / baccī (w), bāl (m)
Kind, Sprößling aulād (w)
Kindheit bac-pan (m), bālak-pan (m)
Kino *cinema* (w)
Kirche girja (m)
Kissen takiyā (m)
Kiste baksā (m)
Klage shikāyat (w)
klagen shikāyat (w) karnā
klar nishcit, spashṭ
Klasse (Schule) *class* (w), kakshā (w)
Kleid *dress* (w)
Kleidung kapṛā (m), wesh (m)
Kleidung (formell) poshāk (w)
klein choṭā (m) / choṭī (w)
kleinwüchsig nātā (m) / nātī (w)
Kleingeld rezgāṛī (w), chillā (m) *(Slang)*
Kleinkind shishu (m)
klettern caṛhnā
Klima ab-o-hawā (w)
Klimaanlage *A.C.*
Klimaanlage (formell) wātānu-kūlan (m)
klimatisiert (formell) wātānu-kūlit
Klingel ghanṭī (w)
klingeln (z.B. an Tür) ghanṭī(w) bajānā
Klo (formell) swacchālaya (w)
Klo peshāb-khānā (m), *toilet* (w), *latrine* (w)
klopfen (z.B. an Tür) khaṭ-khaṭānā
kneten (Teig) belnā
Knie ghuṭnā (m)
Knoblauch lahsun (m)
Knochen haḍḍī (w)
Knopf baṭan (w)
knusprig kaṛak
Koch rasoiyā (m), bāwarcī (m)
kochen (sieden) paknā
kochen (Tätigkeit) khāna (m) pakānā
Kohle koylā (m)
kommen ānā
komplett sampūrṇ
kompliziert jaṭil, kaṭhin
Kondom kaṇḍam (w), sishnāweshṭan (m)
können kar pānā, kar saknā
Können kabilīyat (w)
König rājā (m)
Königin rānī (w)
konservativ rūṛhi-wādī
Konzentration dhyān (m), sāwdhānī (w), samādhi (w)
konzentrieren, sich dhyān (m) denā
konzentriert (aufmerksam) sāwdhānī se
konzentriert sein sāwdhān honā
Kopf sir (m)
Kopfschmerz sir-dard (m)
Korb ṭokrī (w)

Körper sharīr (m), badan (m), tan (m), deh (w)
körperlich sharīrī
Körperteil ang (m)
korrupt bhrashṭ
Korruption bhrashṭācār (m)
kostbar mūlya-wān
Kosten (Ausgaben) kharc
köstlich māzedār, swādishṭ
Kot mal (m), pā-khānā (m)
krank bīmār
Krankheit bīmārī, rog (m)
Kredit udhār (m)
Kreis cakra (m), maṇḍal (m), gol (m)
Kreis (Freundes-) maṇḍlī (w)
Krieg yuddh (m), laṛāī (w)
Kritik ālocnā (w)
kritisieren ālocnā (w) karnā
Krug loṭā (m)
krumm ṭeṛhā (m)/ṭeṛhī (w), ṭeṛhā-meṛhā (m) / ṭeṛhī-meṛhī (w)
Krüppel langṛā (m) / langṛī (w)
Kuhfladen go-bar (m)
Kuhstall go-shālā (w)
Kugel (Patrone) golī (w)
Kugelschreiber kalam (m/w)
Kultur sañskriti (w), tahzīb (w)
Kummer dukh (m), shok (m)
Kumpel (Freund) bandhu (m), yār (m)
Kunde (Käufer) grāhak (m)
Kunst kalā (w)
Künstler kalā-kār (m)
künstlerisch kalātmak
künstlich banāvaṭ
Kurve moṛ (m)
Kuss cummā (m)
küssen cūmnā
Küste samundra-taṭ (m), sāhil (m)

L

lachen hañsnā
Lachen bringen, zum hañsānā
lächeln muskurānā
lachhaft be-tukā, hañsāū
Lager (Camp) shiwir (m)
Lagerhalle godām (m)
Lagerraum kosh (m)
Lampe battī (w), dīyā (m)
Land (Nation) desh (m)
Land (Gegensatz zu Stadt) dehāt (m)
Land (Grundstück) zamīn (w)
Landbesitzer (Großgrund-besitzer) zamīndār (m)
Landkarte nakshā (m)
Landstreicher/in āwārā (m) / āwārī (w)
ländlich dehātī
Landwirtschaft khetī-baṛī (w), krishi (w)
lang lambā (m) / lambī (w)
Länge lambāī (w)
Langeweile ūb (w)
langsam (adj.) dhīmī
langsam (adv.) ahistā, dhire-dhire
langweilen, sich ūb (w) honā
langweilig ūbāū, niras
Lärm hallā (m), shor (m)
Lärm und Aufruhr shor-sharābā (m)
lärmen shor (m) macānā
lasch ḍhīlā-ḍhālā (m) / ḍhīlī-ḍhālī (w)
lass genug sein! bas karo!
Last bhoñj (m), bhār (m)
Laster (Lastwagen) *truck* (w)
Laune mano-dashā (w), *mood* (w) *(Slang)*
laut shor-wālā (m) / shor-wālī (w)
Leben zindagī (w), jīwan (m)
leben (lebendig sein) zindā honā
leben (wohnen) rahnā, ṭhahrnā
lebensgefährlich jānlewā
Lebensunterhalt jīwikā (w)
Lebensunterhalt verdienen jīwikā (w) calānā

Leber kalejā (m), jigar (m)
lecker māzedār, swādishṭ
Leder camṛā (m)
ledig shādi-shudā nahīñ, *single*, awiwāhit *(formell)*
leer khālī, khokhlā (m) / khokhlī (w)
leeren khālī karnā
lehren sikhānā, paṛhānā
Lehrer adhyāpak (m)
Lehrer, religiöser guru (m)
Lehrerin adhyāpikā (w)
leicht (Gewicht) halkā (m) / halkī (w)
leicht (Tätigkeit) āsān
leihen, jmd. etw. udhār denā
leihen, sich udhār (m) lānā, udhār (m) māngnā
legal waidh, jāyaz
Leichtigkeit āsānī (w)
Leid dukh (m)
leiden dukhī honā
Leim sares (m)
leiten netritwa (m) karnā
Leiter (Anführer) netā (m)
Leiter (Stiege) sīṛhī (w)
lenken (Fahrzeug) calānā
Lepra kushṭh (m), koṛh (m)
Leprakranker kushṭhī (m), koṛhī (m)
lesen paṛhnā
Lesen (Studium) paṛhāī (w)
letzte/r pichlā (m) / pichlī (w), antim
Lied gānā (m)
Licht roshnī (w), prakāsh (m)
lieb (teuer) prīya
Liebe pyār (m), prem (m), muhabbat (w), ishk (m)
lieben pyār (m) karnā, prem (m) karnā
liegen leṭnā
Linsenbrei dāl (w)
Lippe oṇṭh (m), hoṇṭh (m)
Lob prashañsā (w), tārīf (w)
loben prashañsā (w) karnā, tārīf (w) karnā
Loch ched (m)
locker ḍhīlā-ḍhālā (m) / ḍhīlī-ḍhālī (w)
löschen (Feuer, Licht) bujhānā
Luft hawā (w), wāyu (m/w)
Luftverschmutzung hawā (w) ka pradūshaṇ (m)
Lüge jhūṭh (m)
lügen jhūṭh (m) bolnā
Lunge phephṛa (m)
Lust haben (etwas zu tun) man (m) lagnā;
lustig hāsya-janak
lustig machen (sich über) (kisī se) mazāk (m) utārnā

M

Mädchen laṛkī (w), chorī (w), chokṛī (w), kanyā (w)
machen (tun) karnā
machen (herstellen) paidā karnā, bānānā
macht nichts! parwāh nahīñ!, koī bāt nahīñ!
Magazin (Presse) patrikā (w)
mager dublā (m) / dublī (w), patlā (m) / patlī (w)
mahlen (Getreide tec.) pīsnā
mal bār, dafā
malen taswīr (w) khīñcnā, citra (m) banānā
manch koī
manche kāī
manchmal kabhī-kabhī
manchmal (selten) kabhī-kabhār
Mandel bādām (m)
Mangel (Engpass) kamī (w)
Mango ām (m)
Mann ādmī (m), mard (m), purush (m) *(formell)*
Margarine banaspati (w)
Markt bazār (m), hāṭ (w)
Markttag hāṭ (w)
Massage mālish (w)
massieren mālish (w) denā, dabānā
Maus cūhā (m)
Meditation dhyān (m), samādhi (w)
meditieren dhyān (m) karnā

Medizin dawā (w), dawāī (w)
Meer samudra (m), samundar (m), dariyā (m)
Meeres- dariyāī ...
Mehl āṭā (m)
mehr aur, ati, adhik, jāstī *(Slang)*
Mehrheit bahu-sankhyā (w)
mehrheitlich zyādātar
Mehrzahl bahu-sankhyā (w)
Meile mīl (m)
mein merā (m) / merī (w)
meinen (glauben) wicār (m) karnā, mānnā
Meinung wicār (m), rāy (w), mat (m)
meisten, am sab se adhik, sab se zyādā, adhiktam
meistens zyādātar
Melasse (Rohrzucker) guṛ (m)
melden (übermitteln) sandesh denā
melken gāy (w) ko dohan (m) karnā
Melodie dhun (w)
Menge (Leute) bhīṛ-bhāṛ (w)
Mensch insān (m), manushya (m)
Menschenmenge bhīṛ (w)
Menschenschmuggel kabūtar-bāzī *(Slang)*
Menschenverstand, gesunder ṭhikānā (m)
Menstruation rajodharm (m)
Messer cākū (m), churī (w)
Metzger (auch: brutaler Mensch) kasāī (m)
Miete kirāyā (m), bhāṛā (m)
Miete kassieren kirāyā (m) utārnā
mieten kirāye (m) par lenā, bhāṛe (m) par lenā
Milch dūdh (m)
mild (Essen) mand
mild (zart) komal
milde Gabe bakhshish (w)
Minister mantrī (m)
mindestens kam-se-kam, nyūntam
minimal nyūntam
Minute *minute* (w)
Missverständnis galat phahmī (w), bhram (m)
missverstehen galat phahmī (w) honā, bhramī honā
mitbringen le ānā
Mitgefühl sahānu-bhūti (w)
mitnehmen le jānā
Mittag dopahar (m), dupahar (m)
mittags dopahar ko, dupahar ko
Mitte madhya (m)
mittendrin bīcoñ-bīc meñ
Mitternacht ādhī rāt (w)
Mittwoch budh-wār (m)
Möbel *furniture* (w)
Mode *fashion* (w), *craze* (w)
modern ādhunik
mögen pasand karnā
möglich sambhaw, mumkin
Monat mahinā (m), māh (m)
monatlich māsik
Monsun barsāt (m), bārish (w) ka mausam (m)
Mond cānd (m), candra (m), candramā (m)
Montag somwār (m)
morgen kal
Morgen sawerā (m), subah (w)
morgens sawere, subah ko
morgens (ganz früh) subah-sawere
Moschee masjid (w)
Moskitonetz macchar-dānī (w)
Motor moṭar (w)
Moment kshan (m), pal (m), lamhā (m)
Müll kacrā (m), raddī (w)
Mülleimer raddī kī tokṛī (w)
Münze sikkā (m)
Mund mūñh (w)
Musik sangīt (m)
Musik (klass. indische) shāstrīya sangīt (m)
Musiker sangīt-kār (m)
Muskel māñs-peshī (w)
Mut himmat (w), sāhas (m)

mutig himmatī, himmat-wālā (m) / himmat-wālī (w)
mutig sāhsī
Mutter māñ (w), mātā (w)
Muttersprache mātri-bhāshā (w)

N

na? ... (was denn nun?) to ...?
na? ... (na, und?) to, phir ...?
nach ... ... ke bād
Nachbar paṛosī (m)
Nachbarin paṛosin (w)
Nachbarschaft paṛos (m)
Nachkomme aulād (w), santān (m/w)
nächste/r āglā (m) / āglī (w)
Nachricht khabar (w), samācār (m)
Nacht rāt (w), rātri (w)
nachts rāt ko
nackt nangā (m) / nangī (w)
Nadel sūī (w), sūcī (w)
nähen silānā
Nagel kīl (m)
nahe pās, nazdīk, karīb
nahe (in der Nähe) ās-pās
Nähe nazdīkī (w), karībī (w)
Name nām (m)
Name, werter shubh-nām *(formell)*
Name und Adresse nām-patā (m)
namenlos gum-nām
Narbe nishān (m)
nass gīlā (m) / gīlī (w)
Natur prakriti (w)
natürlich (von Natur aus) prākritik
Nase nāk (w)
Nation rashṭra (m), kaum (m)
National- rāshṭrīya
Nationalhymne rāshṭrīya gīt (m)
Nationalsprache rāshṭrīya bhāshā (w)
Nationalstolz rāshṭrīya garw (m)
Nebel kohrā (m), kuhrā (m)
neben ... ... ke bājū, ... ke bagal, ... ke pās
necken cheṛnā
nehmen lenā, le lenā
Neid īrshyā (w)
nein nahīñ
nennen ullekh (m) karnā
nerven (jmd.) (kisī kā) bhejā (m) khānā
nett sukhdāyī
Netz jāl (m)
neu nayā (m) / nayī (w)
Neuigkeit khabar (w), samācār (m)
nicht nahīñ
nicht! (in Befehlen) na,mat
nicht Hindi sprechend hindī-tar
nicht-vegetarisch māñsāhārī
nichts kuch nahīñ
nichtsesshaft (heimatlos) āwārā (m) / āwārī (w)
nie kabhī nahīñ
niedrig nīcā (m) / nīcī (w)
Niere gurdā (m)
niemand koī nahīñ
nirgendwo kahīñ nahīñ
noch (übrig) rah gayā (m) / rah gayī (f)
noch mal dubārā, phir se
noch nicht ab tak nahīñ
Norden uttar
normal māmūlī, ām
Not (-fall, -stand, Gefahr) āpat-kāl
Notdurft verrichten mal-mūtra (m) karnā
Notlage dur-dashā (w)
notwendig āwashyak, zarūrī
Notwendigkeit āwashyaktā (w), zarūrat (w)
nötigen mazbūr karnā
notieren likh lenā
Notiz *note* (w)
Notiz nehmen *note* (w) kar lenā
Nummer (Zahl, Anzahl) *nambar* (w)
Nummer (Anzahl) sankhyā (w)
null shūnya
nur sirf, matra, khālī

nutzen istemāl (m) karnā, prayog (m) karnā
Nutzen (Benutzung) istemāl (m), upa-yog (m)
Nutzen (Vorteil) fāydā (m)
Nutzen (Gewinn) lābh (m)
nutzlos be-kār, na-layak, nikammā (m) / nikammī (w)

O

oben ūpar
Obst phal (m)
Obst, getrocknetes mewā (m)
obwohl agarce, yadyapi
oder yā, athwā *(formell)*
oder nicht? ... ki nahīñ?
Ofen cūlhā (m)
offen (geöffnet) khulā (m) / khulī (w)
öffentlich sārw-janik
öffnen, etwas kholnā
öffnen, sich khulnā
oft bār-bār, prāyah *(formell)*
oh! (überrascht) aré!
oh! (enttäuscht) uf!
ohne ... binā ..., ... ke bagair
Ohr kān (m)
Ohrenschmerz kān (m) ka dard (m)
Ohrfeige thappaṛ (m)
ohrfeigen thappaṛ (m) mārnā
Ohrring karṇ-phūl (m)
okay! ṭhīk hai!
Öl tel (m)
Öllampe dīyā (m)
Omelette amleṭ (w)
Operation (med.) shalya-kriya (m)
Ofergabe dān (m)
Opium afīm (w)
Order ādesh (m), hukm (m)
Ordnung wyawsthā (w)
Organ (menschl.) ang (m)
original aslī
Ort jagah (w), sthān (m)
örtlich sthānīya
Osten pūrva (m)
Ozean dariyā (m)

P

Paar joṛī (w)
packen (Gepäck) sāmān (m) bāndhnā
Palast mahal (m), koṭ (m)
Papier kāgaz (w)
Park udyān (m), bagīcā (m)
parken ṭhaharānā
Parlament sañsad (m)
Parlament (indisches) lok sabhā (w)
Partner bhāgidār (m), hissedār (m)
Patriot desh-bhakt (m)
Patient marīz (m), rogī (m)
Patriotismus desh-bhakti (w)
Penis ling (m), shishna (m), laṇḍ (m) *(vulgär)*
perfekt (ideal) adarsh
perfekt (unübertroffen) shreshṭh
Perle motī (w), muktā (w)
Person wyakti (m), shaks (m)
Pfandhaus girwī (w) kī dukān (w)
pfeifen sīṭī (w) bajānā
Pfeffer mirc (w)
Pfeffer, schwarz kālī mirc (w)
Pferdekutsche tāngā (m)
Pflanze paudā (m), paudhā (m)
Pflaster plāsṭar (m)
Pflicht kartawya (m), farz (w); kartawya (m)
pflücken toṛnā
Pflug hal (m)
pflügen hal (m) calānā
pfui! chī-chī!
Pickles (eingelegtes Gemüse) acār (m)
Pilger yātrī (m)
Pilgerherberge dharm-shālā (w)
Pilgerin yātriṇī (w)
Pilgerort tīrth (m), dhām (m)
Pilgerreise yātrā (w)
Pilz chatrak (m), kukur-muttā (m), khumbhī (w)

pinkeln peshāb (w) karnā
Pirat samundrī ḍākū (m)
Plan āyojñā (w), yojñā (w)
planen yojñā (w) banānā
Planet graha
Platz (Ort) jagah (w), sthān (m)
Platz (Rasen-) maidān (m)
pleite kangāl
Pleite kangālī (w)
plötzlich acānak
Politik rājnīti (w)
Politiker netā (m) *(Slang)*
Politiker (formell) rājnītigñya (m)
politisch rājnītik
Polizei pulis (w)
Polizeistation thānā (m)
Polizist pulis-wālā (m)
Polizist pulis-sipāhī (m) *(formell)*
Polizistin pulis-wālī (w), pulis kī mahilā sipāhī (w)
Post (-dienst) ḍāk (w)
Postamt ḍāk-ghar (m)
Postbote ḍākiyā (m)
Präsident (Staats-) rāshṭra-pati (m)
Preis kīmat (w), dām (m), mūlya (m)
Preis (Belohnung) inām (m)
Preisnachlass baṭṭā (m)
Premierminister pradhān-mantrī (m)
Priester pūjārī (m)
privat nizī, wyakti-gat
Produkt utpād (w)
Problem samasya (m), dikkat (w)
Professor ācārya (m), prafessar (m)
Programm kārya-kram (m)
provozieren cheṛnā
pro ... fī ...
Prozent pratishat, fī sadī
Quacksalber nīm hakīm (m)
qualifiziert yogya
Quantität (Menge) parimāṇ (m)
Qualität (Güte) utkarsh (m)
Quelle (Fluss) udgam (m)

R

Radio reḍiyo (w)
Radio hören reḍiyo (w)sunnā
Raub ḍakait (m), ḍākaitī (w)
rauben lūṭnā, lūṭ mārnā
Räuber ḍākū (m), ḍakait (m), luṭerā (m)
rasieren dāṛhī (w) banānā
Rat salāh (w)
Ratgeber salāh-kār (m)
raten salāh (w) denā
raten (vermuten) andāzā (m) karnā
Ratte cūhā (m)
rauchen dhūmra-pān kar nā, sigreṭ (w) pīnā
Räucherstäbchen agarbatti (w), dhūp (w)
Rechnung bil (m)
Recht (Anrecht) hak (m)
Recht (Anrecht, Autorität) adhikār (m)
Recht (Gesetz) kānūn (m)
rechts dāyañ (m) / dāyiñ (w), dāhinā (m) / dāhinī (w)
rechtzeitig ṭhīk samay par
Rede (Ansprache) bhāshaṇ (m)
reden bolnā
Regel niyam (m)
Regen bārish (w), barsāt (w)
Regierung sarkār (m)
Regierungs- sarkārī ...
registrieren dākhil (m) karnā
Region ilākā (m)
regnen barasnā
reich dhani, amīr
Reichtum dhan (m), daulat (w), dhan-daulat (w), dhan-sampatti (w)
reif (Obst) pakkā (m) / pakkī (w)
Reis (zum Essen bereitet) cāwal (m)
Reis (roh / auf dem Feld) dhān (m)
Reise sāfar (m), yātra (m)
Reisebegleiter ham-safar (m)

reisen sāfar (m) karnā, yātra (m) karnā
Reisende/r musāfir (m), yātrī (m)
Reklame ishtahār (m), wiñgyā-pan (m)
Reklame machen ishtahār (m) karnā, wiñgyā-pan (m) karnā
reklamieren shikāyat (w) karnā
Religion dharm (m), mazhab (m) (bei Moslems)
religiös dhārmik, mazhabī (bei Moslems)
rennen dauṛnā
Rennen dauṛ (w)
reservieren *reservation (w)* karnā, ārakshaṇ (m) karnā *(formell)*
Reservierung *reservation* (w), ārakshaṇ (m) *(formell)*
Rest bākī (w)
retten bacānā
Reue pashcātāp (m), prāyshcitt (m)
richtig ṭhīk
Richtung taraf (w), dishā (w)
riechen sūnghnā
Rindfleisch go-māñs (m), *beef* (w)
Ring angūṭhī (w)
rollen loṭnā
Roman upanyās (m)
rosa gulābī rang kā (m) / gulābī rang kī (w)
rot lāl
Route rāstā (m)
Rücken pīṭh (m)
Rückfahrt wāpsī (w)
Rückkehr wāpsī (w)
Ruhe (Ausruhen) ārām (m)
ruhig shānt
rufen cillānā, pukārnā, **(herbeirufen)** bulānā
rund gol
Rupie rupyā (m)

S

Sache (Gegenstand) cīz (w)
Sache (Sachverhalt) bāt (w)
Sache (Angelegenheit) māmlā (m)
Sache/n (Gegenstände) sāmān (m)
Sack jholā (m), borā (m)
Sadhu (heiliger Mann) sādhu (m)
Safran kesar (m)
sagen bolnā, kahnā
Saft ras (m)
saftig (auch: herzhaft) rasīlā (m) / rasīlī (w)
Salz namak (m)
salzig namkīn
Samstag shani-wār (m)
Sand ret (w), bālū (w)
Sandale chappal (w)
Sanskrit sañskrit (w)
Satellit upa-graha (m)
Satz wākya (m)
sauber sāf, swacch *(formell)*, cakkā-cak *(Slang)*
sauber machen sāf karnā, safāī (w) karnā
sauber und ordentlich sāf-suthrā (m) / sāf-suthrī (w)
Sauberkeit safāī (w), swacchatā (w) *(formell)*
sauer khaṭṭā (m) / khaṭṭī (w), amla
schade, dass ... afsos kī bāt hai ki ..., dukhī bāt hai ki ...
Schaden nuksān (m), hāni (w)
Schale (Obst) chilkā (m)
schälen chīlnā
schämen, sich sharmānā, sharam (w) ānā
schamlos be-sharam
Schaukel jhūlā (m)
Schauspieler abhinetā (m)
Schauspielerin abhinetrī (w)
scharf (z.B. Messer) tez
scharf (Essen) tīkhā (m) / tīkhī (w)
Schatten chāyā (w), sāyā (m)
Scheidung (der Ehe) *divorce* (w),

talāk (w) (bei Moslems)
Scheiße saṇḍās (m), pā-khānā (m)
scheißen saṇḍās (m) karnā, golī (w) mārnā
schießen golī (w) calānā
Schere kaiñcī (w)
Scherz mazāk (m)
scherzen mazāk (m) karnā
Schicksal nasīb (m), bhāgya (m)
schief ṭeṛhā (m) / ṭeṛhī (w), ṭeṛhā-meṛhā (m) / ṭeṛhī-meṛhī (w)
Schirm chatra (m), chatrī (w)
Schirm chātā (w)
Schlachter kasāī (m)
Schlaf nīnd (w)
schlafen sonā
schlafen gehen so jānā
schlaflos annindra
Schlamm kic-pic (w)
schlammig kicar-picar, kicṛāhā (m) / kicṛāhī (w)
Schlange sāñp (m), nāg (m)
Schlangenbeschwörer sañperā (m)
schlagen mārnā, pīṭnā
schlecht kharāb, **(böse)** dushṭ
Schlepper dalāl (m)
schließen band karnā
schließlich ākhir meñ
Schloss (Verschluss) tālā (m)
Schlüssel cābī (w)
schmecken (probieren) anubhaw (m) karnā, bhognā
schmecken (lecker sein) swādishṭ honā, māzedār honā
Scheiterhaufen (hinduist. Totenverbrennung) citā (w)
Schmerz dard (m), dukh (m)
schmerzen dukhnā
Schmetterling titlī (w)
Schmuck zewarāt (m; Mz)
Schmuckstück zewar (m)
schmuggeln taskarī (w) karnā
Schmuggler taskar (m)
Schmutz gaṇdagī (w), mailā-pan (m)
schmutzig gaṇḍā (m) / gaṇḍī (w), mailā (m) / mailī (w)
schnarchen kharraṭe (m) marnā
schneiden kāṭnā
Schneider darzī (m)
schnell jaldī, shīghra, faṭā-faṭ *(Slang)*
Schnelligkeit raftār (w), shīghratā (w)
Schnur rassī (w)
Schnurrbart mūñch (w)
schon pahle, paihle, pahle hī, paihle hī
schön sundar, khub-sūrat
Schönheit sundartā (w), saundarya (m), khūb-sūratī (w)
schrecklich bhayānak, bhayankar
schreien pukārnā
schreiben likhnā
Schrift lipi (w), lekhan (m)
Schritt kadam (w)
Schritt für Schritt kadam-ba-kadam
Schrift lipi (w)
schriftlich likhit rūp se
Schuh jūtā (m)
Schuhputzer *polish*-wālā (m)
Schuld dosh (m)
Schulden riṇ (m)
schuldig doshī
Schuldner riṇī (m)
Schule *school* (w)
Schüler widyārthi (m)
Schülerin widyārthinī (w)
Schulter kandhā (m)
Schuster mocī (m)
schütteln hilānā
Schutz (Zuflucht) sharaṇ (m)
Schutz surakshā (w)
schwach kamzor, durbal
schwächlich (dünn) dublā (m) / dublī (w)
Schwäche kamzorī (w)
schwachsinnig durbal-manask
schwanger garbha-watī
Schwangerschaft garbh (m), garbh-āwasthā

schwarz kālā (m) / kālī (w)
Schwatz gapshap (m)
schwatzen gapshap (w) karnā, **(Unsinn reden)** baknā, bakwās (w) karnā
schweigen cup rahnā
schweigend cup
Schwein sūar (m)
Schweiß pasīnā (m)
Schwellung sūjan (w)
schwer (Gewicht) bhārī
Schwester bahin (w)
schwierig mushkil, jaṭil
schwimmen tairnā
schwimmen santaraṇ (m) karnā *(formell)*
schwindlig sein cakkar (m) ānā
schwitzen pasīnā (m) ānā
Seele ātmā (w), jīwātmā (w)
Segel pāl (m)
Segen duā (w)
segnen āshīrwād (m) denā
Segnung āshīrwād (m)
Seide resham (m)
Seiden- reshmī ...
seien Sie gegrüßt! praṇām!
sehen dekhnā
Seife sābun (m)
Seil rassī (w), **(starkes)** rassā (m)
sein (existieren) honā
seit ... ... se
seit wann? kab se?
seither us samay se
Seite bagal (w), bāzū (m)
gegenüber us pār
selbst khud, swayam, **(von selbst)** apne āp se
Selbst- ātmā-
selbstverständlich awashya, zarūr
setzen (sich) baiṭhnā
setzen (lassen) biṭhānā
Sessel ārām-kursī (w)
Sex maithun (m), *sex* (w)
sich fürchten vor ... ... se ḍarnā
sicher (bestimmt) awashya, be-shak
sicher (geschützt) surakshit
sicher sein (vor) ... ... (se) bacnā
Sieb chalnī (w), channī (w)
Sieg jīt (w), jay (m), wijay (w)
Silber cāndī (w)
SIM-Karte sim kārḍ (w)
singen gānā
Situation hāl (m)
sitzen baiṭhnā
so (Art und Weise) aise
so dass tāki
solange wie ... jab tak ...
Socke mozā (m)
Sohn beṭā (m), putra (m)
solche/r aisā (m) / aisī (w)
Soldat sipāhī (m), fauzī (m)
Sommer garmiyāñ (w; Mz)
Sonne sūraj (m), sūrya (m), rawi (m), bhāskar (m)
Sonnenaufgang sūryoday (m)
Sonnenstrahl kiraṇ (w)
Sonnenuntergang sūryāst (m)
Sonntag rawi-wār (m), it-wār (m)
Sorge cintā (w), fikr (w)
sorgen, sich cintā (w) karnā, cintit honā, fikr (w) karnā
sorgen, sich gabaṛānā
sparen (Geld) paisā (m) bacānā
Spaß mauj (w), mazā (m)
Spaß haben/machen mauj (w) karnā, mazā (m) uṛānā
spät der, der se
spät dran sein derī (w) karnā
spät kommen der se ānā
spazieren ghūmnā-phirnā, ṭahalnā
Speichel lār (w)
Speise khānā (m), bhojan (m)
Spiegel shīshā (m), darpaṇ (m)
Spiel khel (m)
spielen khelnā
spielen (Instrument) bajānā
Spielzeug khilaunā (m)
Spinat pālak (m)

spitze! kamāl!, wah-wah!
Sport khel-kūd (m)
Sprache bhāshā (w), zabān (w), zubān (w)
sprachlos lā-jawāb
sprechen bolnā
springen kūdnā
spucken thūknā
Spucknapf (f. Betelsaft) pīkdān (m)
Stadt shahar (m), nagar (m)
Stadtverwaltung nagar-pālikā (w)
Stahl ispāt (m)
Stammkneipe/ -treffpunkt, -platz etc. aḍḍā (m) *(Slang)*
Stange ḍanḍā (m)
stark tākat-war, bal-wān, shakti-shālī, **(haltbar)** mazbūt
Stärke (Kraft) bal (m), shakti (w)
Statistik ānkre (m; Mz)
Staub dhūl (w)
Staudamm bandh (m)
stehen kharā honā (m) / kharī honā (w)
stehlen corī (w) karnā, curānā
steigen caṛhnā
steigen (etwas, an-) baṛhnā
steigern baṛhānā
Stein patthar (m)
stellen (hin-, ablegen) rakhnā
stellen (auf-) khaṛā (m) karnā / khaṛī (w) karnā
Stempel ṭhappā (m)
stempeln ṭhappā (m) mārnā
sterben marnā, mar jānā, ūpar jānā *(Slang)*
Stern sitārā (m)
Steuer (Taxierung) shulk (m)
steuern (Fahrzeug) calānā
Stirn māthā (m)
still cup, khamosh
Stimme awāz (w)
stinken bad-bu (w) honā
Störung gaṛbaṛ (w)
Stock ḍanḍā (w)
Stockwerk manzil (w)
stolz garwit, abhimānī
Stolz garw (m), **(auch: Arroganz)** abhimān (m)
stornieren *cancel* karnā, radd karnā
Stoß dhakkā (m)
stoßen dhakkā (m) denā, dhakelnā
Strafe sazā (w), ḍanḍ (m)
Straße saṛak (w), mārg (m), rāh (w)
Streichholz dīyā-sālāī (w)
Streichhölzer mācis (w)
Streik haṛtāl (m), bāndh (m)
Streit jhagṛā (m)
streiten jhagṛā (m) karnā, laṛnā
streitsüchtig jhagṛālū, laṛākū
Stoff kapṛā (m)
streng sakht, kaṭhor
Student chātra (m), widyārthi (m)
Studentin chātrā (w), widyārthinī (w)
Studium shikshā (w), paṛhāī (w)
Sturm tufān (m)
Stuhl kursī (w)
Stunde ghanṭā (m)
suchen talāsh (w) karnā,
suchen ḍhūṛhnā
Süden dakshiṇ (m), dakkhin (m)
Summe rakam (w), rāshi (w)
Sünde pāp (m)
sündig pāpī
Suppe *soup* (w), shorbā (m)
süß mīṭhā (m) / mīṭhī (w)
Süßigkeit mīṭhāī (w)
Süßigkeitenhändler halwāī (m)
System wyawasthā (w)

T

Tabak tambākū (m)
täglich roz, hār roz
Tag din (m), diwas (m)
tagein, tagaus din-ba-din
Tag und Nacht din-rāt
tagsüber din ko

Tanz nāc (m)
tanzen nācnā
Tasche (Hosen-, etc.) jeb (w)
Tasche, Beutel thailī (w)
Taschentuch rūmāl (m)
Tasse (groß) pyālā (m)
Tasse (klein) pyālī (w)
Tat kārya (m)
tauchen ḍubkī (w) lagānā, gotā (m) lagānā, ḍūbnā
Taucher pan-ḍubbā (m)
Tausch badlaī (w)
tauschen badlānā, badalwānā
tauschen adlā-badlī (w) karnā
Tätowierung godnā (w)
taub bahrā (m) / bahrī (w)
täuschen dhokhā (m) denā
Täuschung dhokhā (m)
tausend hazār
Tee cāy (w)
Tee (leicht) halkī cāy (w)
Tee (stark) kaṛak cāy (w)
Teekanne cāy-dānī (w)
Teestube cāy-khānā (m)
Teich talāw, kuṇḍ (m)
Teig āṭā (m)
Teil (Anteil) hissā (m), bhāg (m)
teilen (auf-) bāṇṭnā
teilnehmen shāmil honā, bhāg (m) lenā, bāṭ (m) lenā
Temperatur tāpmān (m)
Tempel mandir (m), dewālaya (m)
Terror ātank-wād (m)
Terrorist ātank-wādī (m)
teuer mahangā (m) / mahangī (w)
teuer kīmatī
Theater *theatre* (w), rang-shālā (w), nāṭya-shālā (w)
Theater (Ärger, Aufsehen, Spektakel) tamāshā (m)
Theater machen (Aufsehen erregen) tamāshā (m) karnā
Tier jānwar (m)
Tisch mez (w)
Titel khitāb (w)
Tochter beṭī (w), putrī (w), kanyā (w)
Tod maut (w), mrityu (m)
Todesstrafe sazā-e-maut (w), mrityu-ḍaṇḍ (m)
Toilette ṭoileṭ (w), leṭrīn (w), *urinal* (w), peshāb-khānā (m), pā-khānā (m), swacchālaya (m) *(formell)*, shaucālaya (m) *(formell)*
Tomate ṭomaṭar (w)
töten mār ḍālnā
tot mrit, mar gayā (m) / mar gayī (w), guzar gayā (m) / guzar gayī (m) *(euphem.)*, parlok sidhrā (m) / parlok sidhrī (w) *(euphem.)*
total bilkul, ekdam, pūrā (m) / pūrī (w)
Tradition param-parā (w)
tragen (mitnehmen) le jānā
tragen lādkar le jānā
tragen (Kleidung) pahnā
Traum sapnā (m), swapna (m), khwāb (w)
träumen khwāb (w) dekhnā
traurig udās
treffen milnā
Treffen milan (m), mulakāt (w)
trinken pīnā
Trinkgeld bakhshish (w)
trocken sūkhā (m) / sūkhī (w)
trocknen sūkhānā
trotz ... ... ke bawajūd
trotzdem phir bhī
tun karnā
Tür darwāzā (m)
Turban pagṛī (w)
Turm mīnār (w)

U

üben abhyās (m) karnā, riyāz (w) karnā
über (räumlich) ... ... ke ūpar
über (Inhalt) ... ... ke bāre meṅ, pe *(Slang)*
über (fahren über) ... ... hokar
Überfall ḍākaitī (w)

überqueren pār karnā
überrascht sein (über …) … se hairān honā, … ko āshcarya (m) karnā
Überraschung hairānī (w), āshcarya (m)
Ufer kinārā (m), taṭ (m)
Uhr gharī (w)
Uhrzeit *time* (w)
umgekehrt (verdreht) ulṭā (m) / ulṭī (w)
Umschlag (z.B. für Brief) lifāfā (m)
umsonst (kostenlos) muft
Umweltverschmutzung pradūshaṇ (m)
unabhängig (Staat) swa-tantra
und aur, ewam, tathā
und so weiter ādi, bagairah
unerhört be-misāl
Unfall dur-ghaṭnā (w)
ungebildet anpaṛh, anakshar
ungeduldig adhīr, betāb
ungefähr lagbhag, takrīban
ungewiss anishcit
ungültig awaidh
unhöflich ashishṭ
Unhöflichkeit ashishṭtā (w)
Universität wishwa-widyālaya (m)
unmöglich asambhaw, na-mumkin
unreif (Obst) kaccā (m) / kaccī (w)
Unsinn bakwās (w)
Unsinn reden baknā
Unsinn machen/reden bakwās (w) karnā
unschuldig nirdosh
unten nīce
unter … … ke nīce
untereinander āpas meñ
untergehen (z.B. im Wasser) ḍūbnā
Unterhemd (trad. ind.) baniyān (w)
unterhalten, sich bātcīt (w) karnā, gap-shap (w) karnā
unterhalten, sich (amüsieren) manorañjan (m) karnā
Unterhaltung (Gespräch) bāt-cīt (w), gap-shap (w)
unterirdisch bhūmi-gat
unterrichten paṛhānā
Unterschied fark (m), antar (m)
unterschreiben hastākshar (m) karnā, dast-khat (m) karnā
Unterschrift hastākshar (m), dast-khat (m)
Ur- ādi-

V

Vagina yoni (w)
Vater pitā (m), bāp (m) *(in unhöflicher Rede)*
Vegetarier shākāhārī (m)
vegetarisch shākāhārī, nirāmish
Vegetarismus shākāhār (m)
Ventilator pankhā (m)
verabschieden widā honā
verantwortlich zimmedār
Verantwortung zimmedārī (m)
verbieten manā karnā
verboten manā
Verbrechen aparādh (m), jurm (m)
Verbrecher aparādhī (m)
verbrennen jalānā
verdienen (Geld) kamānā
verdorben (Essen) kharāb ho gayā (m) / kharāb ho gayī (w)
Vergangenheit bhūt-kāl (m)
vergessen bhūl jānā
Vergewaltigung balāt-kār (m)
verhaften giraftār karnā
verheiratet shādī-shudā, wiwāhit *(formell)*
Verhütungsmittel garbh-nirodhak (m)
Verkauf bikrī (w)
verkaufen becnā, bec denā

Verkäufer wikretā (m), **(mit Handkarren)** ṭhelā-wālā (m)
verlangen māṅgnā
verlässlich bharose-mand
verlieren (etwas) kho jānā, **(einen Wettbewerb etc.)** hār jānā
verletzen (jmd., körperlich) coṭ (w) pahuñcānā
verletzen (jmd., geistig oder körperlich) dard (m) pahuñcānā
verletzt zakhmī, ghāyal
Verletzung coṭ (w), zakhm (w)
verlieren (Gegenstand) khonā, gum karnā
verlieren (Wettbewerb) hār jānā
verloren (Gegenstand) kho gayā (m) / kho gayī (w), gum gayā (m) / gum gayī (w)
vermieten kirāye (m) par / pe denā, bhāṛe (m) par / pe denā
vermuten andāz karnā
Vermutung andāz (m)
Vernunft hosh (m), buddhi (w)
verrückt pāgal, dīwānā (m) / dīwānī (w)
verschieden/e alag, alag-alag, wibhinn
verschmutzen, verseuchen dūshit karnā
verschmutzt, verseucht dūshit
versichern (zusichern) āshwāsan (m) karnā
versichern (Gegenstand, Leben usw.) bhīmā (w) karānā
versichert bimā-krit
Versicherung (Zusicherung) āshwāsan (m)
Versicherung (Gegenstand, Leben) bīmā (m)
Versprechen wādā (m), wacan (m)
versprechen wādā (m) denā, wacan (m) denā
Versprechen brechen wādā (m) toṛnā
Verständnis samajh (w)
verstecken, sich chipnā, chupnā
verstecken (etwas) chipānā, chupānā
verstehen samajhnā
Verstehen samajh (m)
versuchen koshish (w) karnā
verstorben swargīya *(euphem.)*
Vertrag ṭhekā (m), samwidā (w)
vertrauen bharosā (m) karnā
Vertrauen bharosā (m)
vertrauenswürdig bharose-mand
verwandt sein mit ... ... se rishtā (m) honā
Verwandte rishtedārī (w)
Verwandter rishtedār (m)
Verwandtschaft rishtā (m)
verwirrt bhramī
Vieh pashu (m)
viel bahut
viel (sehr viel) zyādā
vielfarbig rang-bi-rangā (m) / rang-bi-rangī (w)
vielleicht shāyad
Viertel cauthāī (w)
Vogel ciṛiyā (w), pañchī (m)
Volk jantā (w)
völlig bilkul, ekdam
voll bharā (m) / bharī (w)
vor ... (räuml.) ... ke sāmne
vor, vornean āge
vor ... (zeitl.) ... ke pahle, ... ke paihle
Vorauszahlung agrim rāshi (w)
vorbei (vorüber) khatam
vorbei khallās *(Slang)*
vorbeigehen guzarnā
Vorfahre pūrwaj (m), par-dādā (m)
vorgestern parsoñ
Vorhand pardā (m)
vorne sāmne, āge
Vorort muhallā (m), upa-nagar (m)

Vorschlag prastāw (m)
vorschlagen prastāw (m) karnā
Vorsicht! sāwdhān!, khabardār!
vorsichtig sāwdhān, khabardār
Vorteil fāydā (m)
vorteilhaft fāyde-mand
Vortrag prawacan (m)
vorwärts āge
vulgär bāzārū

W

Waage tarāzū (m)
wachsen (Pflanze etc.) ugnā
wachsen lassen ugānā
Wachstum (Ansteig) wriddhi (w)
Wächter caukī-dār (m), pahare-dār (m)
Wagen (Auto) gāṛī (w), *car* (w)
Wahl (polit.) cunāw (m), mat-dān (m)
wählen (aus-) cun lenā
wählen (polit.) mat-dān (m) karnā, *vote* (w) karnā
wahr saccā (m) / saccī (w)
Wahrheit sacāī (w), saccāī (w)
Währung mudrā (m)
Wahrheit saccāī (w)
Waisenhaus anāthālaya (m)
Wand dīwār (w), dīwāl (w)
wann immer jabhī bhī, jabki
Wald ban (m), wan (m), **(Wildnis)** jangal (m)
wann? kab?
warnen (drohen) dhamkī (w) denā
warnen (vor etwas) sāwdhān karnā
Ware māl (m), saudā (m)
warm garam
Wärme garmī (w)
warten (ab-) ṭhahrnā
warten (auf) intazār (w) karnā, pratīkshā (w) karnā
warum? kyoñ?, kyuñ?
was (jenes, welches) jo
was? kyā?
was auch immer jo bhī ho
was für ein/e/r? kaisā (m) / kaisī (w)?
was für welche? kaise?
Wäsche (das Waschen) dhulāī (w)
Wäsche (gew. Kleidung) dhule kapṛe (m; Mz)
waschen (etwas) dhonā
waschen (sich selbst) nahānā
waschen lassen (Kleidung) dhulānā
Wäscher dhobī (m)
Wäscherei dhobī-khānā (m), *laundry* (w)
Wasser pānī (m), jal (m)
weben bunnā
Webstuhl karghā (m)
wechseln (verändern) badalnā
wechseln (Geld) paisā (m) *change* karnā, winimay (m) karnā
weg! (weg mit dir!) haṭ!
Weg rāstā (m), marg (m), rāh (w)
wegen ... ... kī wajah se, ... ke kāraṇ se
weggegangen calā gaya (m) / calī gayī (w)
weggehen calā jānā (m) / calī jānā (w)
wegnehmen cīhn lenā
weich naram, mulāyam
weichen haṭnā
weil kyoñki, kyuñki
Wein sharāb (w), dārū (w)
weinen ronā
weise buddhi-mān
weiß safed, shukla
weiß (Hautfarbe) goṛā (m) / goṛī (w)
Weiße (Europäerin) goṛī (w)
Weißer (Europäer) goṛā (m)
welche/r/s? kaunsā? (m) / kaunsī? (w)

welche/r/s (Relativpron.) jo
Welle lahar (w)
Welt duniyā (w), wishwa (m)
wenig kam
weniger aur kam
wenn (zeitl.) jab
wenn (falls) agar, yadi
wenn doch nur ... kāsh ki ...
wenn nicht, dann ... ? nahīñ to ... ?
wer? kaun?
werfen ḍālnā
werfen (weg-) phenknā
Wert mūlya (m), kīmat (w)
wessen? kiskā? (m) / kiskī ? (w)
Westen pashcim (m)
Wette bazī (w), shart (w)
wetten bāzī (w) lagānā, shart (w) lagānā
Wetter mausam (m)
wichtig aham, mahattwa-pūrṇ
wie? kaise?
wie bitte? kyā?
wie bitte? (das gibt's doch nicht!) kyā bāt hai!
wie Sie wollen apnī marzī
wieder phir, dobārā, dubārā
wieder (immer wieder) bār-bār
wiederholen (einen Satz) dobārā bolna
wiederholen (noch einmal tun) dobārā karnā
wiegen (ab-) tolnā, taulnā, wajan (m) karnā
wieviel? kitnā (m) / kitnī (w) / kitne (m; Mz)?
Willkommen! swāgatam! *(formell)*
willkommen heißen swāgat (m) karnā
Wind hawā (w), wāyu (m/w)
Winter jāṛā (m)
Winter shīt-kāl (m)
wild janglī
Wildnis jangal (m)
Wirtschaft (Ökonomie) ārth (m)
wirtschaftlich (ökon.) ārthik
wissen jannā, mālūm honā, patā honā
Wissen jānkārī (w)
Wissenschaft widyā (w)
Witwe widhwā (w)
Witwer widhur (m)
Witz mazāk (m)
Witz machen mazāk (m) karnā
wo? kahāñ?
wohin? kahāñ?, kidhar?
Woche haftā (m), saptāh (m)
wöchentlich saptāhik
Wochentag wār (m)
Wochenmagazin saptāhik patrikā (w)
wogegen jabki
woher? kahāñ se?, kidhar se?
wohin? kahāñ?, kidhar?
Wohlgeruch khush-bū (w), saugandh (w)
wohlhabend samriddh
Wohlstand samriddhi (w)
Wohlwollen duā (w)
wohnen rahnā
Wohnung ghar (m)
Wohnsitz (auch: gesunder Menschenverstand) ṭhikānā (m)
wollen cahnā, māngnā
Wort shabd (m), lafz (m)
Wörterbuch shabda-kosh (m)
wundersam camatkārī
Wunsch cāh (w), icchā (w)
Wunsch (Belieben) marzī (w)
wünschen cahnā, icchā (w) karnā
Wut gussā (m), krodh (m)
wütend gusse meñ, krodhit

XYZ

Yoga yog (m)
Yogi yogī (m)
Yogini (weibl. Yogi) yoginī (w)
Yogastellung yogāsan (m)
Zahl *number* (w), sankhyā (w)

zählen ginnā
Zählung gintī (w)
zahlen cukānā,
kharc (m) karnā
Zahlung bhugtān (m)
zahm (Tier) pāltū
Zahn dānt (m)
Zahn ziehen
dānt (m) nikālnā
Zähne putzen
dātaun (m) karnā,
dātun (m) karnā
Zahnarzt *dentist* (m),
dāñt-cikitsak (m)
Zahnschmerz
dānt (m) ka dard (m)
zart komal
Zauber jādū (m)
Zauberer jādūgar (m)
zaubern jādū (m) karnā
zehn Millionen ek kroṛ (m)
zehn Millionen Rupien
ek kokā (m) *(Slang)*
Zeichen (Schild)
nishān (m)
zeichnen
citra (m) banānā,
taswīr (w) khīñcnā
zeigen (etwas) dikhānā
(auf) ishārā (m) karnā
Zeit samay (m), wakt (m),
time (w)
Zeitalter zamānā (m),
yug (m)
zeitlos amar
Zeitung
samācār-patra (m),
akhbār (m)

Zelt pāl (m),
(großes) tambū (m)
Zentral- kendrīya ...
Zentrum kendra (m)
zerreißen phāṛnā
zerstören barbād karnā,
nashṭ karnā
zerstört barbād, nashṭ
Zerstörung barbādī (w)
Zeug (Sachen, Dinge)
cīzeñ (w; Mz)
Zeuge gawah (m)
Zeugenaussage
gawāhī (w)
Zeugenaussage machen
gawāhī (w) denā
ziehen khīñcnā
Zigarette sigreṭ (w)
Zimmer kamrā (m)
Zimt dāl-cīnī (w),
dār-cīnī (w)
zittern kañpnā
Zoll shulk (m)
zollfrei shulk-mukt
Zoo ciṛiyā-ghar (m)
Zorn gussā (m), krodh (m)
zornig gusse meñ, krodhit
zornig sein
gussā (m) karnā
zu (hin) tak
zu (geschlossen) band
zu Fuß paidal se
Zucker cīnī (w), shakkar (m)
zuckerkrank
madhu-meh (w) se pīṛit
Zug (Eisenbahn) rel-gāṛī
Zukunft bhawishya (m)

zum Beispiel
misāl (w) ke liye
zumeist zyādātar
Zunge jībh (w), zabān (w),
zubān (w)
zurück wāpas
zurückkehren lauṭnā
zurückgeben lauṭānā
zurückweichen haṭnā
zusätzlich ati-rikt
Zustand hāl (m), hālat (w)
Zwang mazbūrī (w)
Zweck irādā (m),
maksad (m)
zwecklos bekār, nikammā
(m) / nikammī (w)
zweifeln shak (m) karnā
zweifelhaft shakkī
Zweig shākhā (w)
Zweigstelle shākhā (w)
Zwiebel pyāz (m),
kañḍā (m)
zwischen ... ke bīc meñ

Wörterliste Hindi – Deutsch

A

A.C. Klimaanlage
ab tak nahīñ noch nicht
abhī jetzt
abhimān (m) Stolz (auch: Arroganz)
abhimānī stolz (auch: arrogant)
abhinetā (m) Schauspieler
abhinetrī (w) Schauspielerin
abhyās (m) karnā üben
ab-o-hawā (w) Klima
acānak plötzlich
acār (m) Pickles (eingelegtes Gemüse)
acchā (m) / acchī (w) gut
acchā! ach so!
aḍḍā (m) (Slang) Stammkneipe/ -treff- punkt, -platz etc.
adarsh perfekt (ideal)
adhīr ungeduldig
adhik mehr
adhikār (m) Recht, Anrecht, Autorität
adhikārī (m) Beamter
adhiktam höchstens, am meisten
adhyāpak (m) Lehrer
adhyāpikā (w) Lehrerin
adlā-badlī (w) karnā tauschen
adrak (m) Ingwer
afīm (w) Opium
afsos honā bedauern
afsos kī bāt hai ki ... schade, dass ...
afwāh (w) Gerücht
agar wenn (falls)
agarbatti (w) Räucherstäbchen
agarce obwohl
agni (w) Feuer
agrim rāshi (w) Vorauszahlung
aham wichtig
ahiñsā (w) Gewaltlosigkeit
ahistā langsam (adv.)
aisā (m) / aisī (w) solche/r
aise so (Art und Weise)
aish (m) Genuss
aish (m) karnā genießen
aitihāsik geschichtlich (historisch)
ajīb fremd (seltsam)
ajnabī (m) Fremder
akelā (m) / akelī (w) allein
akhbār (m) Zeitung
akl (m) Intelligenz
akl-mand intelligent
aksar gewöhnlicherweise
alag einzeln, verschieden/e
alag prakār kā (m) / alag prakār kī (w) anders, andersartig
alag-alag einzeln
alag-alag verschieden/e
alp-sankhyā (w) Einzahl
al-widā! adieu! *(formell)*
amīr reich
amar zeitlos
amla sauer
amleṭ (w) Omelette
amrūd (m) Guave
anāj (m) Getreide
anāthālaya (m) Waisenhaus
anakshar ungebildet, Analphabet
andāz (m) Vermutung
andāz karnā vermuten
andāzā (m) karnā raten, vermuten
anḍā (m) Ei
andar drinnen
andhā (m) / andhī (w) blind
andherā (m) Dunkelheit
andherā (m) / andherī (w) dunkel
andhkār (m) Dunkelheit
ang (m) Körperteil, Organ (menschl.)
angūṭhā (m) Daumen
angūṭhī (w) Ring
angrezī englisch
angrezī bhāshā (w) Englisch (Sprache)
anishcit ungewiss
añjīr (m) Feige
ankh (w) Auge
annindra schlaflos

Wörterliste Hindi – Deutsch

anpaṛh ungebildet
anpaṛh (m) Analphabet
ant (m) Ende
antar (m) Unterschied
antar-rāshṭrīya international
antim letzte/r
anubhaw (m) Erfahrung
anubhaw (m) karnā schmecken (probieren)
anubhaw-shīl erfahren
anumati (w) Erlaubnis
anumati (w) denā erlauben
anu-shāsan (m) Disziplin
anya andere(e)
anyuttam fantastisch (großartig)
aparādh (m) Verbrechen
aparādhī (m) Verbrecher
apmān (m) Beleidigung
apmān (m) karnā beleidigen
apnā (m) / apnī (w) eigen/e/r
apnī marzī wie Sie wollen!
apne āp se selbst (von selbst)
aṛnā fürchten
ardh- halb-
aré! oh! (überrascht)
asambhaw unmöglich
ashishṭ unhöflich
ashishṭtā (w) Unhöflichkeit
aslī echt, original
athwā oder *(formell)*
ati mehr
ati-rikt zusätzlich
audāgar (m) Händler
aulād (w) Kind, Sprößling
aulād (w) Nachkomme
aur mehr, und
aur acchā (m) / aur acchī (w) besser
aur kam weniger
aurat (w) Frau
awāz (w) Stimme
awaidh illegal, ungültig
awashya selbstverständlich
awiwāhit ledig *(formell)*
awlokan (m) karnā beobachten
awsar (m) Gelegenheit
azād frei
azādī (w), Freiheit
ābādī (w) Bevölkerung
ācārya (m) Professor
ādī honā gewöhnt sein
ādat (w) Gewohnheit
ādesh (m) Befehl, Order
ādhā (m) Hälfte
ādhā (m) / ādhī (w) halb
ādhī rāt (w) Mitternacht
ādhunik modern
ādi und so weiter
ādi- Ur-
ādmī (m) Mann
āfis (w) Büro
āg (w) Feuer
āge vor, vornean, vorne, vorwärts
āglā (m) / āglī (w) nächste/r
āj heute
ājkal heutzutage
ākāsh (m) Himmel
ākarshak attraktiv
ākhir meñ endlich (schließlich)
ākhir meñ schließlich
ākramaṇ (m) Angriff
ākramaṇ (m) karnā angreifen
ālū (m) Kartoffel
ālocnā (w) Kritik
ālocnā (w) karnā kritisieren
ālsī faul (Person)
ām gewöhnlich, normal
ām (m) Mango
āmanṭrit eingeladen
āmantraṇ (m) Einladung
āmantraṇ (m) karnā einladen
āmdanī (w) Gehalt (Einkommen)
ānā kommen
ānand (m) Freude
āngan (m) Hof
āṅkre (m; Mz) Statistik
āpas meñ untereinander
āpat-kāl Not (-fall, -stand, Gefahr)
āpne (m) / apnī (w) pās rakhnā behalten (bei sich behalten)
ārām (m) Ruhe (Ausruhen)
ārām (m) karnā ausruhen
ārām-deh angenehm (bequem)
ārām-kursī (w) Sessel
ārakshaṇ (m)

Reservierung *(formell)*
ārakshaṇ (m) karnā reservieren *(formell)*
ārambh (m) Anfang
ārambh (m) karnā anfangen, beginnen
ārop (m) karnā anklagen
ārth (m) Wirtschaft (Ökonomie)
ārthik wirtschaftlich (ökonomisch)
āsān einfach, leicht
āsānī (w) Leichtigkeit
āshā (w) Hoffnung
āshā (w) karnā hoffen
āshā hai ki ... hoffentlich
āshīrwād (m) Segnung
āshīrwād (m) denā segnen
āsharya-janak erstaunlich
āshcarya (m) Überraschung
āshcarya-kārak erstaunlich
āshwāsan (m) Versicherung (Zusicherung)
āshwāsan (m) karnā versichern, zusichern
āsmān (m) Himmel
ās-pās nahe (in der Nähe)
āṭā (m) Mehl; Teig
ātank-wād (m) Terror
ātank-wādī (m) Terrorist
ātmā- Selbst-
ātmā (w) Seele
āwārā (m) / āwārī (w) Landstreicher/in, nichtsesshaft (heimatlos)
āwashyak notwendig
āwashyaktā (w) Notwendigkeit
āwedan (m) Antrag
āwedan (m) karnā Antrag stellen, beantragen
āwishkār (m) Erfindung
āwishkār (m) karnā erfinden
āy (w) Gehalt, Einkommen
āyojñā (w) Plan
āyu (w) Alter
āyurwed (m) Ayurveda
āyurwed kī dawāī (w), āyurwed kī dawāa (w) ayurvedische Medizin

B

bacānā erhalten, schützen, retten
baccā (m) / baccī (w) Kind
... (se) bacnā sicher sein (vor) ...
bac-pan (m) Kindheit
badalnā wechseln (verändern)
badalwānā tauschen
badan (m) Körper
bad-bū (w) Gestank
bad-bu (w) honā stinken
badlānā tauschen
badlī (w) Austausch
badlaī (w) Tausch
bad-nasīb glücklos
bad-sūrat hässlich
bagīcā (m) Park
bagairah und so weiter
bagal (w) Seite
bahānā (m) Ausrede
bahār (w) Frühling
bahin (w) Schwester
bahnā fließen
bahrā (m) / bahrī (w) taub
bahu-sankhyā (w) Mehrheit, Mehrzahl
bahut viel, sehr
baingan (m) Aubergine
baiṭhnā setzen (sich), sitzen
bajānā spielen (Instrument)
bakhshish (w) milde Gabe, Trinkgeld
baknā schwatzen, Unsinn reden
baksā (m) Kiste
bakwās (m) Quatsch, Unsinn
bakwās (w) karnā schwatzen, Unsinn reden, Unsinn machen
bal (m) Stärke (Kraft)
balāt-kār (m) Vergewaltigung
***ball* (w)** Ball
bal-wān stark
ban (m) Wald
ban gayā (m) / ban gayī (w) gemacht (worden)
banām ... gegen ... (Sport)
banāvaṭ künstlich

Wörterliste Hindi - Deutsch

banaspati (w) Margarine
band geschlossen, zu
band karnā schließen
bandūk (w) Gewehr; Hafen
bandar-gah (w) Hafen
bandh (m) Staudamm
bandhu (m) Kumpel (Freund)
banglā (m) Haus, einstöckiges
baniyān (w) Unterhemd (trad. ind.)
***bank* (w)** Bank
bannā gemacht werden (entstehen)
barābar honā gleichen
baṛā (m) / baṛī (w) groß
baṛhānā steigern
baṛhiyā ausgezeichnet, großartig
baṛhiyā gut
baṛhnā steigen (an-)
baraf (w) Eis
baras (m) Jahr
barasnā regnen
barbād kaputt
barbād zerstört
barbād karnā zerstören
barbādī (w) Zerstörung
bardāsht (w) karnā ertragen
barsāt (m) Monsun
barsāt (w) Regen
bas karo! lass genug sein!
bas! genug!
batānā erzählen
baṭan (w) Knopf
baṭṭā (m) Preisnachlass
battī (w) Lampe
battakh (w) Ente
batuwā (m) Börse (Geld-)
bazār (m) Markt
bazī (w) Wette
bāṭ (m) lenā teilnehmen
bāī (w) Dame
bādām (m) Mandel
bāgīcā (m) Garten
bāh (w) Arm
bāhar draußen
bākī (w) Rest
bāl (m) Haar
bāl (m) Kind
bālū (w) Sand
bālak-pan (m) Kindheit
bālṭī (w) Eimer
bānānā machen (erstellen)
bāndh (m) Streik
bāndhnā binden
bāṅs (m) Bambus
bāṇṭnā teilen (auf-)
bāp (m) Vater (in unhöflicher Rede)
bār mal
bārīsh (w) ka mausam (m) Monsun
bār-bār oft, wieder (immer wieder)
bārish (w) Regen
bāt (w) Gespräch; Sache (Sachverhalt)
bāt-cīt (w) Gespräch, Unterhaltung (Gespräch)
bātcīt (w) karnā unterhalten, sich
batlī (w) Flasche
bāwarcī (m) Koch
bāzārū grob (-schlächtig), vulgär
bāzū (m) Arm; Seite
bāzī (w) lagānā wetten
bec denā verkaufen
becnā verkaufen
***beef* (w)** Rindfleisch
behtar besser
behtarīn besten, am
bekār zwecklos, nutzlos
belnā kneten (Teig)
be-misāl unerhört
be-rozgāṛ arbeitslos
be-sharam schamlos
betāb ungeduldig
beṭā (m) Sohn
beṭī (w) Tochter
be-tukā lachhaft
be-wakūf dumm
be-wakūfī (w) Dummheit
bhāī (m) Bruder
bhāg (m) Teil (Anteil)
bhāg (m) lenā teilnehmen
bhāgidār (m) Partner
bhāgnā fliehen
bhāgya (m) Schicksal
bhār (m) Last
bhāṛā (m) Fahrpreis (Tickets etc.)
bhāṛā (m) Miete
bhāṛe (m) par / pe denā vermieten
bhāṛe (m) par lenā mieten
bhārī schwer (Gewicht)
Bhārat (m) Indien
bhārat-wāsī (m) Inder
bhāshā (w) Sprache

bhāshaṇ (m) Rede (Ansprache)
bhāskar (m) Sonne
bhāw (m) Gefühl
bhāw (m) honā fühlen
(kisī kā) bhejā (m) khānā nerven (jmd.)
bhū-kamp (m) Erdbeben
bhūkh (w); Hunger
bhūkhā (m) / bhūkhī (w) hungrig
bhūl (w) Fehler
bhūl jānā vergessen
bhūmi-gat unterirdisch
bhūmi-tel (m) Erdöl
bhūrā (m) / bhūrī (w) braun
bhūt (m) Geist
bhūt-kāl (m) Vergangenheit
bhī auch
bhīgā (m) / bhīgī (w) feucht
bhīk (w) māngnā betteln
bhīkh (w) Almosen
bhīmā (w) karānā versichern (Gegenstand, Leben usw.)
bhīṛ (w) Menschenmenge
bhīṛ-bhāṛ (w) Menge (Leute)
bhītar drinnen
bhagwān (m) Gott
bharā (m) / bharī (w) voll
bharā denā füllen (voll machen)
bharatīya indisch
bharosā (m) Vertrauen
bharosā (m) karnā vertrauen
bharose-mand verlässlich, vertrauenswürdig
bhaunknā bellen
bhawishya (m) Zukunft
bhay (m) Angst, Furcht
bhayānak schrecklich
bhaya-dohan (m) Erpressung
bhaya-dohan (m) karnā erpressen
bhayankar schrecklich
bhejā (m) Gehirn
bhikhārī (m) Bettler
bhikhārin (w) Bettlerin
bhognā schmecken (Essen probieren)
bhojan (m) Speise, Essen *(formell)*
bhojan (m) lenā speisen, essen *(formell)*
bhoñj (m) Last
bhram (m) Missverständnis
bhramī verwirrt
bhramī honā missverstehen
bhrashṭ korrupt
bhrashṭācār (m) Korruption
bhugtān (m) Zahlung, Auszahlung
bijlī (w) Blitz, Elektrizität
bikrī (w) Verkauf
bil (m) Rechnung
bilkul total, völlig
bimā-krit versichert (Gegenstand, Leben usw.)
binā ... ohne ...
binā matlab bedeutungslos
bintī (w) Bitte
biradrī (w) Bruderschaft
bistar (m) Bett
bistar (m) lagānā Bett machen (bereiten)
biṭhānā setzen (lassen)
bīcoñ-bīc meñ mitten drin
bīmā (m) Versicherung (Gegenstände, Leben)
bīmār krank
bīmārī Krankheit
bīwī (w) Ehefrau
bolnā reden, sagen, sprechen
borā (m) Sack
boṭal (w) Flasche
buddhū (m) Dummkopf *(Slang)*
buddhi (w) Intelligenz, Vernunft
buddhi-mān intelligent, weise
budh-wār (m) Mittwoch
bujhānā löschen (Feuer, Licht)
bukhār (w) Fieber
bulānā rufen (herbei-)
bunnā weben
burā (m) / burī (w) böse
***bus* (w)** Bus
buzurg alt (Person) *(formell)*
bū (w) Geruch

būṛhā (m) / būṛhī (w) alt (Person)
būṛha-pan (m) Alter, hohes
būṭī (w) Heilpflanze
byāh (m) Heirat

c

cabānā kauen
cahnā benötigen, wollen, wünschen
cakkā-cak sauber (blitzeblank) *(Slang)*
cakkar (m) ānā schwindlig sein
cakra (m) Kreis
calā gayā (m) / calī gayī (w) abgereist, weggegangen
calā jānā (m) / calī jānā (w) abfahren, weggehen, fortgehen
calānā fahren (selber fahren), lenken, steuern (Fahrzeug)
calnā gehen
camakīlā (m) / camakīlī (w) hell
camatkārī wundersam
camṛā (m) Leder
camṛī (w) Haut
***cancel* karnā** stornieren
cañdra (m) Mond
cañdramā (m) Mond
capātī (w) Fladenbrot (klein, auf Herdplatte gebacken)
caprāsī (m) Dienstbote (z.B. in einem Büro)
***car* (w)** Wagen (Auto)
caṛhnā klettern, steigen (hinaufgehen)
caraṇ (m) Fuß
caras (m) Haschisch
caras (m) pīnā Haschisch rauchen
carcā (w) karnā erwähnen
cashmā (m) Brille
cashme (m; Mz) Brille
caukī-dār (m) Wächter
cauṛā (m) / cauṛī (w) breit
cauthāī (w) Viertel
cābī (w) Schlüssel
cādar (w) Bettlaken
cāh (w) Wunsch
cāinā (w) China
cākū (m) Messer
cāl (w) Geschwindigkeit
cālāk geschickt
cālak (m) Fahrer
cānd (m) Mond
cāndī (w) Silber
cārā (m) Futter (Vieh-)
cārpāī (w) Bettgestell
cārpaī (w) Bett (trad., mit Flechtbespannung)
cāwal (m) Reis (zum Essen bereitet)
cāy (w) Tee
cāy-dānī (w) Teekanne
cāy-khānā (m) Teestube
cehrā (w) Gesicht
chāch (w) Buttermilch
chāpnā drucken
chātā (w) Schirm
chātī (w) Brust
chātrā (w) Studentin
chātra (m) Student
chāyā (w) Schatten
chāyā-kār Fotograf
chūnā berühren
chī-chī! pfui!
chīlnā schälen
chalnī (w) Sieb
channī (w) Sieb
chappal (w) Sandale
chat (m) Decke (Zimmer-)
chatrī (w) Schirm
chatra (m) Schirm
chatrak (m) Pilz
ched (m) Loch
***cheese* (w)** Käse (westl.)
cheṛnā necken, provozieren
chilkā (m) Schale (Obst)
chillā (m) Kleingeld *(Slang)*
chipānā verstecken (etw.)
chipke-chipke heimlich
chipnā verstecken (sich), versteckt sein
chokṛā (m) Junge
chokṛī (w) Mädchen
choṛ denā aufgeben
choṛā (m) Junge
choṛnā aufgeben
chorī (w) Mädchen
choṭā (m) / choṭī (w) klein
choṭī nadī (w) Bach
chupānā verstecken (etw.)

chupke-chupke heimlich
chupnā verstecken (sich), versteckt sein
churī (w) Messer
cillānā rufen
***cinema* (w)** Kino
cintā (w) Sorge
cintā (w) karnā sorgen, sich
cintit honā sorgen, sich
ciṛiyā (w) Vogel
ciṛiyā-ghar (m) Zoo
citā (w) Scheiterhaufen (hind. Totenverbrennung)
citra (m) Bild
citra (m) banānā malen, zeichnen
cīhn lenā wegnehmen
cīnī chinesisch
cīnī (w) Zucker
cīz (w) Sache (Gegenstand)
cīzeñ (w; Mz) Zeug (Sachen, Dinge)
***class* (w)** Klasse (Schule)
***coffee* (w)** Kaffee
colī (w) Bluse (unter dem Sari)
cor (m) Dieb
corī (w) Diebstahl
corī (w) karnā stehlen
coṭ (w) Verletzung
coṭ (w) pahuñcānā verletzen (jmd., körperlich)
coṭī (w) Gipfel (Berg-)
***craze* (w)** Mode
cukānā bezahlen, zahlen
cummā (m) Kuss
cun lenā auswählen
cunāw (m) Wahl (polit.)
cup schweigend, still
cup rahnā schweigen
curānā stehlen
cūhā (m) Maus; Ratte
cūlhā (m) Herd, Ofen
cūmnā küssen
cūṛī (w) Armreif

D

dabānā drücken, massieren
dafā mal
daftar (m) Büro
dahī (m) Joghurt
dakkhin (m) Süden
daksha geschickt
dakshiṇ (m) Süden
dal (m) Gruppe
dalāl (m) Schlepper
dangā-fasād (m) Ausschreitung, Straßenschlacht
dāñt-cikitsak (m) Zahnarzt
daṛ (m) Furcht
darakht (w) Baum
dard (m) Schmerz
dard (m) pahuñcānā verletzen (jmd., geistig oder körperlich)
daridra arm
dariyā (m) Fluss (großer), Meer, Ozean
dariyāī ... Meeres-
darpaṇ (m) Spiegel
darwāzā (m) Tür
darzī (m) Schneider
dast-khat (m) Unterschrift
dast-khat (m) karnā unterschreiben
daulat (w) Reichtum
dauṛ (w) Rennen
dauṛnā rennen
dawā (w), dawāī (w) Arznei, Medizin
dawā-khānā (m) Apotheke
dāgā (m) Garn
dāhinā (m) / dāhinī (w) rechts
dākhil (m) karnā registrieren
dāl (w) Linsenbrei
dāl-cīnī (w) Zimt
dām (m) Preis
dān (m) Almosen, Ofergabe
dān (m) denā Almosen geben
dānt (m) Zahn
dānt (m) ka dard (m) Zahnschmerz
dānt (m) nikālnā Zahn ziehen
dārū (w) Wein
dāṛhī (w) Bart
dāṛhī (w) banānā rasieren
dār-cīnī (w) Zimt
dātaun (m) karnā, dātun (m) karnā Zähne putzen
dāyañ (m) / dāyiñ (w) rechts

ḍīng (w) mārnā angeben (prahlen)
ḍīng (w) mārne-wālā (m) Angeber
ḍakait (m) Raub, Räuber
ḍakaitī (w) Überfall
ḍañḍ (m) Strafe
ḍañḍā (m) Stange
ḍañḍā (w) Stock
ḍar (w) Angst
ḍarnā Angst haben
ḍubkī (w) lagānā tauchen
dīwāl (w) Wand
dīwānā (m) / dīwānī (w) verrückt
dīwār (w) Wand
dīyā (m) Kerze, Lampe, Öllampe
dīyā-sālāī (w) Streichholz
de denā geben
deh (w) Körper
dehāt (m) Land (Gegensatz zu Stadt)
dehātī ländlich
dekhbāl (m) karnā aufpassen (auf etwas)
dekhnā beobachten, sehen
dekhne jānā besuchen (etw.)
denā geben
***dentist* (m)** Zahnarzt
der spät
der se spät
der se ānā spät kommen
derī (w) karnā spät dran sein
der-sawer früher oder später
desh (m) Land (Nation)
desh-bhakt (m) Patriot
desh-bhakti (w) Patriotismus
dew (m), dewā (m) Gott (einer der vielen)
dewālaya (m) Tempel
dewī (w) Göttin (eine der vielen)
dewnāgarī (w) Devanagari-Schrift
dewtā (w) Gottheit
dhām (m) Pilgerort
dhān (m) Reis (roh / auf dem Feld)
dhārmik religiös
dhūl (w) Staub
dhūmra-pān karnā rauchen
dhūp (w) Hitze; Räucherstäbchen
dhīmī langsam (adj.)
dhīrtā (w) Geduld
dhakelnā stoßen
dhakkā (m) Stoß
dhakkā (m) denā stoßen
dhamkī (w) Drohung
dhamkī (w) denā drohen, warnen
dhan (m) Besitz, Reichtum
dhan-daulat (w) Reichtum
dhani reich
dhan-sampatti (w) Reichtum (Geld und Gut)
dhanyawād danke
dhanyawād (m) denā danken
dharm (m) Religion
dharm-shālā (w) Pilgerherberge
ḍhīlā-ḍhālā (m) / ḍhīlī-ḍhālī (w) lasch, locker
dhire-dhire langsam (adv.)
dhobī (m) Wäscher
dhobī-khānā (m) Wäscherei
dhokhā (m) Betrug, Täuschung
dhokhā (m) denā täuschen
dhokha denā betrügen
dhonā waschen (etwas)
dhuāñ (m) kāṛhnā angeben (prahlen)
dhulāī (w) Wäsche (das Waschen)
dhulānā waschen lassen (z.B. Kleidung)
dhule kapṛe (m; Mz) Wäsche (gew. Kleidung)
dhun (w) Melodie
ḍhūṛhnā suchen
dhyān (m) Konzentration, Meditation
dhyān (m) denā konzentrieren, sich, meditieren
dikhānā zeigen (etwas)
dikkat (w) Problem
dil (m) Herz
dilānā ausgeben (jmd. etwas spendieren)
dilcasp interessant

dildār freundlich, herzlich
dimāg (m) Gehirn
din (m) Tag
din ko tagsüber
din-ba-din Tag ein, Tag aus
din-rāt Tag und Nacht
dishā (w) Richtung
divorce **(w)** Scheidung (der Ehe)
diwas (m) Tag
dobārā wieder
dobārā bolnā wiederholen (einen Satz)
dobārā karnā wiederholen (noch einmal tun)
dohan (m) Ausbeutung
(kisī kā) dohan (m) karnā ausbeuten (jmd.)
dopahar (m) Mittag
dopahar ko mittags
dosh (m) Schuld
doshī schuldig
dost (m) Freund
dostānā (m) Freundschaft
dostānā (m) / dostānī (w) freundschaftlich
dosti (m) Freundschaft
double**-roṭī (w)** Brot (Sandwich)
dress **(w)** Kleid
drink **(w)** Getränk
driṛh eng (eng gebunden)
driver **(m)** Fahrer, Chauffeur
drug **(w)** Droge
duā (w) Segen, Wohlwollen
dubārā wieder
dublā (m) / dublī (w) dünn, schwächlich, mager
dukān (m/w) Geschäft (Laden)
dukāndār (m) Geschäftsinhaber
dukh (m) Kummer
dukh (m) Leid, Schmerz
dukhī bāt hai ki ... schade, dass ...
dukhī honā leiden
dukhnā schmerzen
dulhā (m) Bräutigam
dulhan (w) Braut
duniyā (w) Erde, Welt
dupahar (m) Mittag
dupahar ko mittags
durbal schwach
durbal-manask schwachsinnig
dur-dashā (w) Elend, Notlage
durgandh (w) Gestank
dur-ghaṭnā (w) Unfall
dushman (m) Feind
dushṭ böse, mies, gemein, schlecht (Person)
dūdh (m) Milch
dūr fern
dūrī (w) Entfernung
dūr-darshan (m) Fernsehen
dūshit verschmutzt, verseucht
dūshit karnā verschmutzen, verseuchen
dūsrā (m) / dūsrī (w) anderer(e)
dūsrī tarah se anders (auf andere Art)
dākṭar Arzt
dwīp (m) Insel
dwesh (m) Hass
dwesh-pūrṇ hasserfüllt
ḍāk (w) Post (-dienst)
ḍāk kī ṭikaṭ (w) Briefmarke
ḍākū (m) Räuber
ḍākaitī (w) Raub, Überfall
ḍāk-ghar (m) Postamt
ḍākiyā (m) Postbote
ḍālnā werfen
ḍāṇṭ (w) Bedrohung
ḍāṇṭnā bedrohen (auch: zurechtweisen)
ḍūbnā tauchen, untergehen (z.B. im Wasser)

E

ek dūsre ke liye füreinander
ek kokā (m) zehn Millionen Rupien *(Slang)*
ek kroṛ (m) zehn Millionen
ekākī einsam
ekākī-pan (m) Einsamkeit
ekdam total, völlig
ewam und

F

fareb (m) Betrug
farebī (m) Betrüger
fark (m) Unterschied
farsh (w) Fußboden
farz (w) Pflicht
***fashion* (w)** Mode
faṭā-faṭ schnell *(Slang)*
fauz (w) Armee
fauzī (m) Soldat
fāltū falsch (auch Personen)
fāslā (m) Entfernung
fāydā (m) Gewinn, Profit, Nutzen, Vorteil
fāydā (m) Vorteil
fāyde-mand gewinnbringend, vorteilhaft
fikr (w) Sorge
fikr (w) karnā sorgen, sich
***film* (w)** Film (Foto-)
***film* (w) dhonā** Film entwickeln
***filmi hero* (m) / *filmi heroine* (w)** Filmstar
***film*-udyog (m)** Filmindustrie
fī ... pro ...
fī sadī Prozent
foṭografar (m) Fotograf
***fry* karnā** braten
***furniture* (w)** Möbel

G

gabaṛānā sorgen, sich
gair-kānūnī illegal
galā (m) Hals
galat falsch (nicht richtig)
galat phahmī (w) Missverständnis
galat phahmī (w) honā missverstehen
galtī (w) Fehler
gambhīr ernst
gaṇḍā (m) / gaṇḍī (w) schmutzig
gaṇḍagī (w) Schmutz
gañjā (m) Glatze
gaoñ (m) Dorf
gaoñ-wālā (m) Dorfbewohner
gaoñ-wālī (w) Dorfbewohnerin
gapshap (m) Schwatz, Unterhaltung, Gespräch
gapshap (w) karnā schwatzen, unterhalten, sich
gaṛbaṛ (w) Ärger, Unannehmlichkeit, Störung
gaṛh (m) Fort (Festung)
garaj (m) Donner
garam heiß, warm
garbh (m), garbh-āwasthā Schwangerschaft
garbha-watī schwanger
garbh-nirodhak (m) Verhütungsmittel
garīb arm
garībī (w) Armut
garmī (w) Hitze, Wärme
garmiyāñ (w; Mz) Sommer
garw (m) Stolz
garwit stolz
gawāhī (w) Zeugenaussage
gawāhī (w) denā Zeugenaussage machen
gawah (m) Zeuge
gālī (w) Beleidigung, Fluch
gālī (w) denā beleidigen, beschimpfen
gānā singen
gānā (m) Lied
gāṛī (w) Wagen (Auto)
gāy (w) ko dohan (m) karnā melken
gend (w) Ball
gend-bāzī (w) Ballspiel
German deutsch
Germany Deutschland
ghāyal verletzt
ghūmnā-phirnā spazieren
ghanā (m) / ghanī (w) dicht, eng, undurchdringlich
ghaṇṭā (m) Stunde
ghaṇṭī (w) Klingel
ghaṇṭī (w) bajānā klingeln (z. B. an der Tür)
ghar (m) Haus, Wohnung
ghaṛī (w) Uhr
ghaṭnā (w) Ereignis
ghusal-khānā (m) Badezimmer
ghuṭnā (m) Knie
gilās (w) Glas (Trink-)
ginnā zählen

gintī (w) Zählung
girānā fallen lassen (zu Fall bringen)
girāwaṭ (w) Abnahme (Wenigerwerden)
giraftār karnā verhaften
giri (m) Berg, Hügel
girja (m) Kirche
girnā fallen
giroh (m) Bande (Gruppe)
girwī (w) kī dukān (w) Pfandhaus
gīlā (m) / gīlī (w) nass
go-bar (m) Kuhfladen
gobhī (w) Blumenkohl
godām (m) Lagerhalle
godnā (w) Tätowierung
gol rund
gol (m) Kreis
golī (w) Kugel (Patrone)
golī (w) calānā, golī (w) mārnā schießen
go-māñs (m) Rindfleisch
goṛā (m) Weißer (Europäer)
goṛā (m) / goṛī (w) weiß (Hautfarbe)
goṛī (w) Weiße (Europäerin)
go-shālā (w) Kuhstall
gotā (m) lagānā tauchen
grāhak (m) Kunde (Käufer)
grām (m) Dorf
grāmīṇ dörflich, Dorf-
graha Planet
guftagū (w) Gespräch
gulābī rang kā (m) / gulābī rang kī (w) rosa
gum gayā (m) / gum gayī (w) verloren (Gegenstand)
gum karnā verlieren (Gegenstand)
gum-nām namenlos
gupt-rog (m) Geschlechtskrankheit
guṛ (m) Melasse (Rohrzucker)
gurdā (m) Niere
guru (m) Lehrer, religiöser
gussā (m) Wut, Zorn
gussā (m) karnā zornig sein
gusse meñ wütend, zornig
guzar gayā (m) / guzar gayī (w) tot *(euphem.)*
guzarnā vorbeigehen
gūfā (m) Höhle

H

haḍḍī (w) Knochen
haftā (m) Woche
... hai? gibt es ... ?
hairānī (w) Überraschung
hak (m) Recht (Anrecht)
hakīm (m) Arzt (Unani-)
hal (m) Pflug
hal (m) calānā pflügen
haldī (w) Gelbwurz
halkā (m) / halkī (w) leicht (Gewicht)
halkī cāy (w) Tee (leicht)
***hall* (w)** Halle
hallā (m) Lärm
halwāī (m) Süßigkeitenhändler
hameshā immer
hamlā (m) Angriff
hamlā (m) karnā angreifen
hamlā-war aggressiv
ham-safar (m) Reisebegleiter

hañsāū lachhaft
hañsānā zum Lachen bringen
hañs-mukh fröhlich
hañsnā lachen
har jede/r
harā (m) / harī (w) grün
haṛtāl (m) Streik
har-ek jede/r einzelne
hastākshar (m) Unterschrift
hastākshar (m) karnā unterschreiben
haṭ! weg! (weg mit dir!)
haṭānā entfernen, entlassen
haṭnā (zurück-)weichen
hathauḍā (m) Hammer
hawā (w) Luft, Wind
hawā (w) ka pradūshaṇ (m) Luftverschmutzung
hawāī aḍḍā (m) Flughafen
hawāī jahāz (w) Flugzeug
hazār tausend
hāl (m) Situation
hāl (m), hālat (w) Zustand

hā̃ṅ ja
hāni (w) Schaden
hār jānā verlieren (einen Wettbewerb etc.)
hār roz täglich
hārī mirc (w) Chili, grün
hāsya-janak lustig
hāṭ (w) Markt, Markttag
hāth (m) Hand
hāth (m) lagānā anfassen
hāy! ach je!
hāy-hāy! au weia!, ach, du meine Güte!
he rām! ach Gott!
hello! hallo!
hilānā bewegen (etwas), schütteln
hilnā bewegen, sich
himmat (w) Mut
himmatī mutig
himmat-wālā (m) / himmat-wālī (w) mutig
hindū (m) Hindu
hindū (m/w) hinduistisch
hindū-dharm (m) Hinduismus
hindī (w) Hindi
hindī-bhāshī (m) Hindi-Sprecher
hindī-tar nicht Hindi sprechend
Hindustān (m) Indien
hindustānī indisch
hĩnsā (w) Gewalt
hĩnsātmak gewalttätig
hissā (m) Teil (Anteil)
hissedār (m) Partner
... hokar über (fahren über)
hī doch
honā sein (existieren), haben
honṭh (m) Lippe
***horn* (w) bajānā** hupen
hosh (m) Vernunft
hoshiyār intelligent
hoṭel (w) Hotel
hriday (m) Herz
hukm (m) Befehl, Order

I

icchā (w) Wunsch
icchā (w) karnā wünschen
idhar hier, hierhin
iklautā (m) / iklautī (w) einzelne/r/s
ilāj (m) Behandlung (med.), Heilmittel
ilāj (m) karnā behandeln (med.)
ilākā (m) Gebiet, Region
imāndār aufrichtig, ehrlich
inām (m) Preis (Belohnung)
inām (m) denā belohnen
insāf (w) Gerechtigkeit
insān (m) Mensch
intazār (w) karnā warten (auf)
irādā (m) Absicht, Zweck
ishārā (m) karnā zeigen (auf)
ishk (m) Liebe
ishtahār (m) Reklame
ishtahār (m) karnā Reklame machen
ispāt (m) Stahl
istemāl (m) Nutzen (Benutzung)
istemāl (m) karnā benutzen
itihās (m) Geschichte (Historie)
it-wār (m) Sonntag
izāzat (w) Erlaubnis
izāzat (w) denā erlauben
īmāndār ehrlich
īmāndārī (w) Ehrlichkeit
īrshyā (w) Eifersucht, Neid
īrshya-pūrṇ eifersüchtig
īshwar (m) Gott

J

jab als, wenn (zeitl.)
jab tak ... solange wie ...
jabhī als gerade
jabhī bhī, jabki wann immer
jabki wogegen
jagānā aufwecken
jagah (w) Ort, Platz
jahāz (w) Boot
jal (m) Wasser
jal gayā (m) / jal gayī (w) angebrannt (z.B. Essen)
jalānā anzünden, verbrennen
jaldī bald, früh, schnell
jalnā brennen, anbrennen (z.B. Essen)
janam (m), janma (m) Geburt

janam-din (m), janma-din (m) Geburtstag
janam-sthān (m), janma-sthān (m) Geburtsort
janam-sthān (m), janma-sthān (m) Heimat (Geburtsort)
jangal (m) Einöde, Dschungel, Wald (Wildnis)
jangal (m) Wildnis
janglī wild
jannā wissen
jan-sankhyā (w) Bevölkerung (-szahl)
jantā (w) Bevölkerung, Volk
jaṭil kompliziert, schwierig
jawāb (m) Antwort
jawāb (m) dena antworten
jawān jung
jawānī (w) Jugend (-alter)
jay (m) Sieg
jay rāam-ji kī! hallo! (dörflicher Gruß)
jaydād (w) Besitz
jazbāt (m; Mz) Gefühle
jāgnā aufwachen
jāl (m) Netz
jālī falsch (gefälscht)
jānā fahren, gehen
jānkārī (w) Information, Wissen
jānlewā lebensgefährlich
jānnā kennen
jāno als ob
jānwar (m) Tier
jāṛā (m) Winter
jāstī mehr *(Slang)*
jāti (w) Kaste
jāyaz legal
jeb (w) Tasche (Hosen- etc.)
jel (w) Gefängnis
jel-khānā (m) Gefängnis
jhāṛū (m) Besen
jhāṛū (m) denā fegen
jhāṛū (m) lagānā fegen
jhūlā (m) Schaukel
jhūṭh (m) Lüge
jhūṭh (m) bolnā lügen
jhagṛā (m) Streit
jhagṛā (m) karnā streiten
jhagṛālū streitsüchtig
jholā (m) Beutel, Sack
jhomphṛā (m), jhompṛī (w) Hütte
jigar (m) Leber
jībh (w) Zunge
jīt (w) Sieg
jītnā gewinnen (z.B. Wettbewerb)
jīwātmā (w) Seele
jīwan (m) Leben
jīwikā (w) Beruf
jīwikā (w) Lebensunterhalt
jīwikā (w) calānā Lebensunterhalt verdienen
jo der, die, das, was, jene/-r/-s, welche/-r/-s
jo bhī ho was auch immer
joṛī (w) Paar
joṛnā anbringen (anheften, verbinden)
joshīlā (m) / joshīlī (w) energisch
julūs (m) Demonstration (polit.)
jurm (m) Verbrechen
jūnā (m) / jūnī (w) alt (Gegenstand)
jūtā (m) Schuh

K

kab se? seit wann?
kab? wann?
kabūtar Taube;
kabūtar-bāzī Menschenschmuggel *(Slang)*
kabhī bhī irgendwann
kabhī na khabhī irgendwann einmal
kabhī nahīñ nie
kabhī-kabhār manchmal
kabhī-kabhī gelegentlich, manchmal
kabilīyat (w) Können
kaccā (m) / kaccī (w) unreif (Obst)
kacrā (m) Abfall, Müll
kad (m) Größe (Körper-)
kadam (w) Schritt
kadam-ba-kadam Schritt für Schritt
kahāñ se? woher?
kahāñ? wo?, wohin?
kahānī (w) Geschichte, Erzählung
kahīñ irgendwo
kahīñ bhī irgendwo, wo auch immer

kahīñ nahīñ nirgendwo
kahnā erzählen, sagen
kaī einige
kaī-kaī einige (so einige)
kaiñcī (w) Schere
kaisā (m) / kaisī (w)? was für ein/e/r?
kaise bhī irgendwie
kaise? wie? was für welche?
kakṛī (w) Gurke
kakshā (w) Klasse (Schule)
kal gestern; morgen
kal kā (m) / kal kī (w) gestrig, von gestern
kalā (w) Kunst
kalā-kār (m) Künstler
kalātmak künstlerisch
kalam (m/w) Bleistift; Kugelschreiber
kalejā (m) Leber
kalpanā (w) Einbildung, Illusion, Fantasie
kam wenig
kamāl! spitze!
kamānā verdienen (Geld)
kamī (w) Mangel (Engpass)
kamīnā (m) / kamīnī (w) gemein (mies; Pers.)
kamīz (w) Hemd
kamar (w) Hüfte
kambakht armselig
kambal (m) Decke (Bett-)
kampyūṭar (w) Computer
kamrā (m) Zimmer
kam-se-kam mindestens
kamzor schwach
kamzorī (w) Schwäche
kañḍā (m) Zwiebel
kaṇḍam (w) Kondom
kandhā (m) Schulter
kangāl pleite
kangālī (w) Pleite
kanghī (w) karnā / kanghā (m) karna kämmen
kañjūs (m) Geizhals
kañjūsī (w) Geiz
kañpnā zittern
kanyā (w) Mädchen
kanyā (w) Tochter
kapṛā (m) Kleidung
kapṛā (m) Stoff
kapṛā (m) nikālna ablegen (Kleidung)
kapṛā (m) utārna ausziehen (Kleidung)
kar pānā können
kar saknā können
karak hart, knusprig
karak cāy (w) Tee (stark)
karhī (w) Curry
karīb nahe
karībī (w) Nähe
karīb-karīb beinahe, fast
karghā (m) Webstuhl
karghosh (m) Hase
karnā machen (tun)
karnā tun
karṇ-phūl (m) Ohrring
kartawya (m) Pflicht
kasā (m) / kasī (w) eng
kasāī (m) Metzger (auch: brutaler Mensch)
kasāī (m) Schlachter
kasūr (m) Fehler
kaṭhin kompliziert
kaṭhor hart, streng
kaṭṭar fanatisch
kaṭṭar-panthī (m) Fanatiker
kaum (m) Nation
kaun? wer?
kaunsā? (m) / kaunsī? (w) welche/r/s?
kawītā (w) Gedicht
kawi (m) Dichter
kāī manche, irgendwelche
kābil fähig
kābiliyāt (w) Fähigkeit
kāc (m) Glas (Material)
kāfī genügend
kāgaz (w) Papier
kālā (m) / kālī (w) schwarz
kālī mirc (w) Pfeffer, schwarz
kām (m) Arbeit, Aufgabe, Pflicht, Beruf, Job
kām (m) karnā arbeiten
kān (m) Ohr
kān (m) ka dard (m) Ohrenschmerz
kānūn (m) Gesetz, Recht
kāñpī (w) Heft (Schul-)
kāñṭā (m) Gabel
kāraṇ (m) Grund (Ursache)
kārya (m) Tat
kārya-kram (m) Programm
kāsh ki ... wenn doch nur ...

kāṭnā beißen; schneiden
kāyar (m) Feigling
kāyartā-pūrṇ feige
... ke ās-pās bei ...
... ke ūpar über (räumlich) ...
... ke alāwā außer ...
... ke andar drinnen von ...
... ke andar in ... (mitten drin)
... ke bād nach ...
... ke bāhar draußen von ...
... ke bājū neben ...
... ke bāre meñ über (Inhalt) ...
... ke bīc meñ zwischen
... ke bagair ausgenommen ...
... ke bagair außer ...
... ke bagair ohne ...
... ke bagal neben ...
... ke barābar gleich ... (ähnlich)
... ke bawajūd trotz ...
... ke bhītar drinnen von ...
... ke bhītar in ... (mittendrin)
... ke dawārā durch (mit Hilfe von) ...
... ke kāraṇ se wegen ...
... ke karīb bei ...
... ke khilāf gegen ...
... ke liye für ...
... ke mādhyam se durch (mit Hilfe von) ...
... ke māfik gleich ... (ähnlich)
... ke nīce unter ...
... ke pās bei ...
... ke pās neben ...
... ke pīche hinter ...
... ke pahle vor ... (zeitl.)
... ke paihle vor ... (zeitl.)
... ke sāmne vor ... (räuml.)
kele kā peṛ (m) Bananenstaude
kendrīya ... Zentral-
kendra (m) Zentrum
kesar (m) Safran
khālī frei (Zimmer etc.), leer; nur
khālī karnā leeren
khānā essen
khānā (m) Essen, Speise
khāna (m) pakānā kochen
khās besondere/r
khās taur pe besonders
khūb-sūratī (w) Schönheit
khūn (m) Blut
khīñcnā ziehen
khabar (w) Nachricht, Neuigkeit
khabardār vorsichtig
khabardār! Vorsicht!, Aufgepasst!
khallās (Slang) vorbei
khamosh still
kharāb schlecht
kharāb ho gayā (m) / kharāb ho gayī (w) kaputt, verdorben (Essen), faul (Lebensmittel)
khaṛā (m) karnā / khaṛī (w) karnā stellen (auf-), stehen
kharīd lenā kaufen
kharīdnā kaufen
kharc Kosten (Ausgaben)
kharc (m) karnā ausgeben (Geld), zahlen, bezahlen
kharraṭe (m) marnā schnarchen
khat (m) Brief
khaṭ-khaṭānā klopfen (z.B. an Tür)
khaṭṭā (m) / khaṭṭī (w) sauer
khatam beendet, vorbei
khatar-nāk gefährlich
khatrā (m) Gefahr
khel (m) Spiel
khel-kūd (m) Sport
khelnā spielen
khet (m) Feld
khetī-baṛī (w) Landwirtschaft, Feldarbeit
khidmat (w) Dienst
khidmat (w) karnā Dienst erweisen
khilānā ausgeben (jmd., zu essen)
khilaunā (m) Spielzeug
khiṛkhī (w) Fenster
khitāb (w) Titel
kho gayā (m) / kho gayī (w) verloren (Gegenstand)
kho jānā verlieren (etwas)
khokhlā (m) / khokhlī (w) leer
kholnā öffnen, etwas
khonā verlieren (Gegenstand)

khub-sūrat schön
khud selbst
khudrā (m) Einzelhandel
khujlī (w) honā jucken
khulā (m) / khulī (w) offen (geöffnet)
khulnā öffnen, sich
khumbhī (w) Pilz
khush fröhlich, glücklich
khushī (w) Freude, Glück (Zufriedenheit)
khush-bū (w) Wohlgeruch
khush-nasīb Glück (Zufall)
khwāb (w) Traum
khwāb (w) dekhnā träumen
ki dass
... kī wajah se wegen ...
... ki nahīñ? oder nicht?
kicar-picar schlammig
kic-pic (w) Schlamm
kicṛāhā (m) / kicṛāhī (w) schlammig
kidhar se? woher?
kidhar? wohin
kilā (m) Fort (Festung)
kinārā (m) Ufer
kintu aber
kirāyā (m) Miete
kirāyā (m) utārnā Miete kassieren
kirāye (m) par / pe denā vermieten
kirāye (m) par lenā mieten
kiraṇ (w) Sonnenstrahl
kisān (m) Bauer
kishti (w) Boot
kiskā? (m) / kiskī ? (w) wessen?
kitāb (w) Buch
kitnā (m) / kitnī (w) / kitne (m; Mz)? wieviel?
kīl (m) Nagel
kīmat (w) Preis, Wert
kīmatī teuer
kīṛā (m) Insekt
kīṛre-makoṛe (m; Mz) Insekten
... ko āshcarya (m) karnā überrascht sein (über ...)
koī irgendwer, manch
koī bāt nahīñ! egal!, macht nichts!
koī bhī irgeneine/r/s, irgendwer, wer auch immer
koī nahīñ niemand
kohrā (m) Nebel
komal mild, zart
konā (m) Ecke
koṛh (m) Lepra
koṛhī (m) Leprakranker
kosh (m) Lagerraum
koshish (w) karnā versuchen
koṭ (m) Fort (Festung), Palast
koylā (m) Kohle
krānti Aufstand
kripayā! bitte!
krishi (w) Landwirtschaft
krodh (m) Wut, Zorn
krodhit wütend, zornig
kshan (m) Moment, Augenblick
kshetra-pal (m) Fläche
kuāñ (m) Brunnen
kuch etwas
kuch aur etwas anderes
kuch nahīñ nichts
kuhrā (m) Nebel
kukur-muttā (m) Pilz
kuṇḍ (m) Teich
ku-rūp hässlich
kursī (w) Stuhl
kurtā (m) Hemd (trad. ind.)
kushal geschickt
kushṭh (m) Lepra
kushṭhī (m) Leprakranker
kūdnā springen
kyā bāt hai! wie bitte? (= das gibt's doch nicht!)
kyā? was?, wie bitte? (bei nicht verstandener Rede)
kyoñ?, kyuñ? warum?
kyoñki, kyuñki weil

L

lafṛā (m) Ärger *(Slang)*
lafz (m) Wort
lagānā anbringen, anheften
lagbhag etwa, ungefähr
lahar (w) Welle
lahsun (m) Knoblauch
lakṛī (w) Holz
lambā (m) / lambī (w) lang
lambāī (w) Länge
lamhā (m) Augenblick, Moment
laṇḍ (m) Penis *(vulgär)*

laṅgna karnā anbringen
langṛā (m) / langṛī (w) Krüppel
lapeṭnā einpacken, einwickeln
laṛāī (w) Kampf, Krieg
laṛākū streitsüchtig
laṛkā (m) Junge
laṛkī (w) Mädchen
laṛnā kämpfen, streiten
***laundry* (w)** Wäscherei
lauṭānā zurückgeben
lauṭnā zurückkehren
lābh (m) Gewinn, Profit, Nutzen
lādkar le jānā tragen
lā-jawāb sprachlos
lāl rot
lāl mirc (w) Chili, rot
lālac (w) Gier
lālcī gierig
lār (w) Speichel
lāyak geeignet
le ānā bringen, mitbringen
le jānā mitnehmen, tragen
le lenā nehmen
lekhan (m) Schrift
lekin aber
lenā nehmen
leṭnā liegen
leṭrīn *(latrine)* Klo, Toilette
lifāfā (m) Umschlag (Brief)
likh lenā notieren
likhit rūp se schriftlich
likhnā schreiben
ling (m) Geschlecht, Penis
lipi (w) Schrift
lobh (m) Gier
lohā (m) Eisen
lok sabhā (w) Parlament (indisches National-)
lokprīya beliebt
lok-tāntrik demokratisch
lok-tantra (m) Demokratie
loṭā (m) Krug
loṭnā rollen
luṭerā (m) Räuber
lūṭ mārnā, lūṭnā rauben

M

macchar-dānī (w) Moskitonetz
madad (w) Hilfe
madad (m) karnā helfen
madhu-meh (w) se pīṛit zuckerkrank
madhya (m) Mitte
magar aber
mahān groß (großartig, edel)
mahāntā (w) Größe (Großartigkeit)
mahīlā (w) Frau
mahal (m) Palast
mahangā (m) / mahangī (w) teuer
mahattwa-pūrṇ wichtig
mahinā (m) Monat
maidān (m) Platz (Rasen-)
mailā (m) / mailī (w) schmutzig
mailā-pan (m) Schmutz
maithun (m) Sex
makān (m) Haus
makkhī (w) Fliege
makkhan (m) Butter
maksad (m) Absicht, Zweck
mal (m) Kot
mal-mūtra (m) karnā Notdurft verrichten
man (m) lagnā Lust haben (etwas zu tun)
manā verboten
manā karnā verbieten
mand mild (Essen)
manḍal (m) Kreis
manḍlī (w) Kreis (Freundes-)
mandir (m) Tempel
mannā annehmen, vermuten
mano-dashā (w) Laune
manohar attraktiv
manorañjan (m) karnā unterhalten, sich (amüsieren)
mantrī (m) Minister
manushya (m) Mensch
manzil (w) Haus, Stockwerk
mar gayā (m) / mar gayī (w) tot
mar jānā sterben
marīz (m) Patient
mard (m) Mann
marg (m) Weg
marnā sterben
marzī (w) Wunsch (Belieben)
masālā (m) Gewürz, Gewürzmischung

mashhūr berühmt
masjid (w) Moschee
mastānā betrunken
mastishk (m) Gehirn
mat nicht! (in Befehlen)
mat (m) Meinung
mat-dān (m) Wahl (polit.)
mat-dān (m) karnā wählen (polit.)
matlab (m) Bedeutung
matra nur
matwālā (m) / matwālī (w) betrunken
mauj (w) Spaß
mauj (w) karnā Spaß haben/machen
maukā (m) Gelegenheit
mausam (m) Jahreszeit; Wetter
maut (w) Tod
mawād (m) Eiter
mazā (m) Spaß
mazā (m) urānā Spaß haben/machen
mazāk (m) Scherz, Witz
mazāk (m) karnā scherzen
mazbūr karnā nötigen
mazbūrī (w) Zwang
mazbūt stark (haltbar)
mazhab (m) Religion (bei Moslems)
mazhabī (bei Moslems) religiös
mācis (w) Streichhölzer
māf karnā entschuldigen, etwas
māfī (w) Entschuldigung
māh (m) Monat
māl (m) Ware
mālūm honā; wissen
mālik (m) Boss, Chef
mālish (w) Massage
mālish (w) denā massieren
mālkin (w) Chefin
māmūlī gewöhnlich, normal
māmlā (m) Sache, Angelegenheit
māñ (w) Mutter
māng (w) Bitte, Forderung
māngnā wollen, fordern, verlangen
mānnā meinen, glauben
mānoñ als ob
māñs (m) Fleisch
māñsāhārī nicht-vegetarisch
māñs-khor (m) Fleischesser
māñs-peshī (w) Muskel
mār ḍālnā töten
mārg (m) Straße
mārnā schlagen
māsik monatlich
mātr-bhūmī (w) Heimatland
mātri-bhāshā (w) Muttersprache
mātā (w) Mutter
māthā (m) Stirn
(kisī se) mazāk (m) utārnā sich über jemanden lustig machen
māzedār köstlich, lecker
māzedār honā schmecken (lecker sein)
meharbān freundlich, gastfreundlich
mehmān (m) Gast
mehmānī (w) Gastfreundschaft
mehnat (w) Anstrengung, harte Arbeit, Fleiß
mehnat (w) karnā anstregen, sich, arbeiten
mehnatī fleißig
... meñ in ...
merā (m) / merī (w) mein
mewā (m) Obst, getrocknetes
mez (w) Tisch
milan (m) Treffen
milnā bekommen, treffen
milne jānā besuchen (jmd.)
***minute* (w)** Minute
mirc (w) Pfeffer
misāl (w) Beispiel
misāl (w) ke liye zum Beispiel
miṭṭī (w) Erde (Boden, Sand)
mitra (m) Freund
mīl (m) Meile
mīnār (w) Turm
miṭhā (m) / miṭhī (w) süß
miṭhāī (w) Süßigkeit
***mobile* (w)** Handy
mocī (m) Schuster
mombattī (w) Kerze
***mood* (w)** Laune (Slang)
moṛ (m) Abzweigung, Kurve

morṇā biegen; abbiegen
morcā (m) Demonstration (polit.) *(Slang)*
moṭā (m) / moṭī (w) dick
moṭar Auto, Motor
moṭor-gāṛī Auto
motī (w) Perle
***movie* (w)** Film (Kino-)
mozā (m) Socke
mrit tot
mrityu (m) Tod
mrityu-ḍaṇḍ (m) Todesstrafe
mudrā (m) Währung
mudrā-sphīti (w) Inflation
muft umsonst (kostenlos)
muhabbat (w) Liebe
muhallā (m) Vorort
mukhya ... Haupt-
mukt frei
muktā (w) Perle
mulāyam weich
mulakāt (w) Treffen
mumkin möglich
musāfir (m) Reisende/r
mushkil schwierig
muskurānā lächeln
muṭṭhī (w) Faust
mūlya (m) Preis, Wert
mūlya-wān kostbar
mūñch (w) Schnurrbart
mūng-phalī (w) Erdnuss
mūñh (w) Mund
mūrkh dumm
mūrkhtā (w) Dummheit
mūrti (w) Götterfigur

N

na nicht! (in Befehlen)
nadī (w) Fluss
nafrat (w) Hass
nafrat (w) karnā hassen
nagar (m) Stadt
nagar-pālikā (w) Stadtverwaltung
nahānā baden
nahānā waschen (sich)
nahīñ nein, nicht
nahīñ to andernfalls
nahīñ to ... ? wenn nicht, dann ... ?
nakal (m) karnā fälschen
naklī falsch (gefälscht)
nakshā (m) Landkarte
na-layak nutzlos
namāz (m) Gebet (moslem.)
namak (m) Salz
namaskār! Guten Tag!, Auf Wiedersehen!
namasté! Guten Tag!, Auf Wiedersehen!, Hallo!
***nambar* (w)** Nummer, Zahl, Anzahl
namkīn salzig
na-mumkin unmöglich
nangā (m) / nangī (w) nackt
naram weich
nasīb (m) Schicksal
na-saphal erfolglos
nashā (m) (Slang) Droge
nashā-khor (m) Drogenkonsument
nashe meñ betrunken
nasht zerstört
nasht karnā zerstören
nau-jawān jugendlich
naukar (m) Diener
naukerī (w) Job
naw (m) Boot
nayā (m) / nayī (w) neu
nazar (w) Blick
nazdīk nahe
nazdīkī (w) Nähe
nāī (m) Friseur
nāc (m) Tanz
nācnā tanzen
nāg (m) Schlange
nāk (w) Nase
nā-khūn (m) Fingernagel
nālā (m) Bach
nām (m) Name
nām-patā (m) Name und Adresse
nān (w) Fladenbrot (groß, im Ofen gebacken)
nārī (w) Frau *(formell)*
nāshtā (m) Frühstück
nātā (m) / nātī (w) kleinwüchsig
nāṭak (m) Drama
nāṭya-shālā (w) Theater
nāzuk empfindlich
nek gut (edel, aufrichtig)
netritwa (m) karnā leiten
netā (m) Leiter (Anführer), Politiker *(Slang)*
nigāh (w) Blick
nikāh (m) Heirat (moslem.)
nikās (m) Ausgang (-stür)

nikammā (m) / nikammī (w) arbeitslos, nutzlos, zwecklos
nimantraṇ (m) Einladung
nimantṛit karnā einladen
nirāmish vegetarisch
niras langweilig
nirdosh unschuldig
nishān (m) Narbe; Zeichen, Schild
nishcit klar
niyam (m) Regel
niyat karya (m) Aufgabe, Pflicht
nizī privat
nīcā (m) / nīcī (w) niedrig
nīce hinunter
nīce unten
nīlā (m) / nīlī (w) blau
nīm hakīm (m) Quacksalber
nīnd (w) Schlaf
nīnd (w) ānā einschlafen
***note* (w)** Geldschein; Notiz
***note* (w) kar lenā** Notiz nehmen
nuksān (m) Schaden
***number* (w)** Zahl
nyāya (m) Gerechtigkeit
nyāy-sangat gerecht
nyūntam mindestens, minimal

O

okhnā halten (anhalten)
onṭh (m) Lippe
oshan hell

P

***pack* karnā** einpacken, einwickeln
pagāṛ (m) Gehalt, Einkommen
pagrī (w) Turban
pahāṛ (m) Berg, Hügel
pahāṛī bergig, hügelig
pahcannā kennen, erkennen
pahare-dār (m) Wächter
pahlā (m) / pahlī (w) erste/r
pahle schon
pahle hī schon
pahnā tragen (Kleidung)
pahnnā anziehen (Kleidungsstück)
paidā geboren
paidā karnā erzeugen, machen, herstellen
paidaish (w) Geburt
paidal se zu Fuß
paihlā (m) / paihlī (w) erste/r
paihle schon
paihle hī schon
pair (m) Fuß
paisā (m) Geld
paisā (m) bacānā sparen (Geld)
paisā (m) *change* karnā wechseln (Geld)
paisā (m) denā bezahlen
paise (m; Mz) Geld
pakaṛnā fangen, halten (in der Hand)
pakkā (m) / pakkī (w) gar (gekocht)
pakkā (m) / pakkī (w) reif (Obst)
paknā kochen (sieden)
pal (m) Augenblick, Moment
palak (w) Augenlid
panīr (m) Käse (indischer)
pañcāyat (w) Ältestenrat (im Dorf)
pañchī (m) Vogel
pan-ḍubbā (m) Taucher
pankhā (m) Ventilator
***pants* (w)** Hose
paoṅ (m), paoṅ-roṭī (w) Brot
par aber, auf
parāyā (m) / parāyī (w) fremd, ausländisch, unbekannt
paṛos (m) Nachbarschaft
paṛosī (m) Nachbar
paṛosin (w) Nachbarin
paṛhāī (w) Lesen, Studium
paṛhānā lehren,unterrich-ten
paṛhnā lesen
param-ātmā (w) Gott
param-parā (w) Tradition
parantu aber
pardā (m) Vorhand

par-dādā (m) Vorfahre
pardesh (m) Ausland
pardeshī Ausländer/in
parimāṇ (m) Quantität
pariwār (m) Familie
pariwartan (m) Austausch
parlok sidhrā (m) / parlok sidhrī (w) tot *(euphem.)*
paṛhā-likhā (m) / paṛhī-likhī (w) gebildet
parsoñ vorgestern
parwāh nahīñ! macht nichts!
parwah nahīñ! egal!
parwat (m) Berg
pasīnā (m) Schweiß
pasīnā (m) ānā schwitzen
pasand karnā mögen
pashcātāp (m) Reue
pashcim (m) Westen
pashu (m) Vieh
patā (m) Adresse
patā honā wissen
pata lagānā finden, herausfinden
pati (m) Ehemann
patidew Ehemann *(formell)*
pat-jhaṛ (m) Herbst
patlā (m) / patlī (w) dünn, mager
patlūn (m) Hose
patnī (w) Ehefrau
patra (m) Brief
patra-kār (m) Journalist
patrikā (w) Magazin (Presse)
pattā (m) Blatt
patthar (m) Stein
paudā (m), paudhā (m) Pflanze
pawitra heilig
pād (m) Fuß
pāgal verrückt
pājāmā (m) Hose (trad. indische)
pā-khānā (m) Toilette; Kot, Scheiße
pāl (m) Segel; Zelt
pālak (m) Spinat
pālang (m) Bett
pāltū zahm (Tier)
pānā erhalten, bekommen
pānī (m) Wasser
pāp (m) Sünde
pāpī sündig
pār karnā überqueren
pās nahe
pe auf
peṛ (m) Baum
peshā (m) Job
peshāb (w) karnā pinkeln
peshāb-khānā (m) Klo, Toilette
peṭ (m) Bauch
peṭ ka dard (m) Bauchschmerzen
peṭī (w) Gürtel
pey (m) Getränk
phāṛnā zerreißen
phūl (m) Blume
phūl-mālā (w) Blumengirlande
phal (m) Frucht, Obst
phenknā werfen (weg-)
phephṛa (m) Lunge
pherī-wālā (m) Bauchladenverkäufer
phir dann, wieder
phir bhī trotzdem
phir milenge bis bald!
phisalnā ausrutschen
***phone* (w) karnā** anrufen
***photo* (w)** Foto
***photo* (w) khīñcnā** fotografieren
pichlā (m) / pichlī (w) letzte/r
pilānā ausgeben (jmd., zu trinken)
pitā (m) Vater
pīche hinten
pīkdān (m) Spucknapf (f.Betelsaft)
pīlā (m) / pīlī (w) gelb
pīliyā (m) Gelbsucht
pīnā trinken
pīp (w) Eiter
pīsnā mahlen (Getreide)
pīṭh (m) Rücken
pīṭnā schlagen
plāsṭar (m) Pflaster
***polish*-wālā (m)** Schuhputzer
poshāk (w) Kleidung *(formell)*
prākritik natürlich, von Natur aus
prāpt karnā erhalten, bekommen
prārthanā (w) Gebet
prārthanā (w) karnā beten, erbitten

prāyah beinahe, fast; oft *(formell)*
prāyshcitt (m) Reue
prīya lieb (teuer)
prabhāw ḍālnā beeinflussen
pradūshaṇ (m) Umweltverschmutzung
pradarshinī (w).. Ausstellung
pradeshī fremd, ausländisch
pradhān-mantrī (m) Premierminister
prafessar (m) Professor
pragati (w) Fortschritt
pragati-shīl fortschrittlich
prakriti (w) Natur
prakār (m) Art (Weise)
prakāsh (m) Licht
praṇām (m) Gruß
praṇām (m) karnā begrüßen
praṇām! seien Sie gegrüßt!
prasanna glücklich (zufrieden)
prasannatā (w) Glück (Zufriedenheit)
prashaṅsā (w) Lob
prashaṅsā (w) karnā loben
prashna (m) Frage
prasiddh berühmt
prastāw (m) Vorschlag
prastāw (m) karnā vorschlagen
pratīkshā (w) karnā warten (auf)
pratishat Prozent
prati-warsh jährlich, Jahr für Jahr
pratyāshā (w) Erwartung
pratyāshā (w) karnā erwarten, erhoffen
pratyek jede/r einzelne
prawacan (m) Vortrag
prayog (m) karnā nutzen
prem (m) Liebe
prem (m) karnā lieben
premikā (w) Freundin (eines Mannes), Geliebte
pret (m) Geist
pukārnā rufen, schreien
pul (m) Brücke
pulis (w) Polizei
pulis kī mahilā sipāhī (w), pulis-wālī (w) Polizistin
pulis-sipāhī (m), pulis-wālā (m) Polizist
purānā (m) / purānī (w) alt (Gegenstand)
purush (m) Mann *(formell)*
pustak (w) Buch
putrī (w) Tochter
putra (m) Sohn
pūjā (w) Gebet (Hindu-)
pūjā (w) karnā beten
pūjārī (m) Priester
pūṅchnā fragen
pūrā (m) / pūrī (w) ganz, total
pūrva (m) Osten
pūrwaj (m) Vorfahre
pyālā (m) Tasse, groß
pyālī (w) Tasse, klein
pyār (m) Liebe
pyār (m) karnā lieben
pyās (w) Durst
pyāsā (m) / pyāsī (w) durstig (auch: sehnsüchtig)
pyāz (m) Zwiebel

R

radd karnā stornieren
raddī (w) Abfall, Müll
raddī (w) kī tokṛī (w) Abfalleimer, Mülleimer
rafū (m) karnā flicken
rafūgar (m) Flickschneider
raftār (w) Geschwindigkeit, Schnelligkeit
rahnā leben, wohnen
rajodharm (m) Menstruation
rakam (w) Summe
rakhnā ablegen, bewahren, aufbewahren, (hin-)stellen, halten (in der Hand)
rakt (m) Blut
rang (m) Farbe
rangīlā (m) / rangīlī (w) bunt, farbig
rang-bi-rangā (m) / rang-bi-rangī (w) vielfarbig
rang-shālā (w) Theater
ras (m) Saft
rasāyan (m) Chemie
rasāynik chemisch
rasīlā (m) / rasīlī (w) saftig (auch: herzhaft)
rashṭra (m) Nation

rasoiyā (m) Koch
rassā (m) Seil (starkes, dickes)
rassī (w) Schnur, Seil
rawaiyā (m) Benehmen; Haltung, Einstellung
rawi (m) Sonne
rawi-wār (m) Sonntag
rāh (w) Straße, Weg
rājā (m) König
rājdūt-āwās (m) Botschaft (Auslandsvertretung)
rājdhānī (w) Hauptstadt
rājnīti (w) Politik
rājnītigñya (m) Politiker *(formell)*
rājnītik politisch
rām-rām! hallo! (dörflicher Gruß)
rānī (w) Königin
rāshi (w) Summe
rāshṭrīya National-
rāshṭrīya bhāshā (w) Nationalsprache
rāshṭrīya gīt (m) Nationalhymne
rāshṭra-pati (m) Präsident (Staats-)
rāshṭrīya garw (m) Nationalstolz
rāstā (m) Route, Weg
rāt (w), rātri (w) Nacht
rāt ko nachts
rāy (w) Meinung
reḍiyo (w) Radio
reḍiyo (w) sunnā Radio hören
rel-gāṛī Zug (Eisenbahn)
***reservation* (w)** Reservierung
***reservation* (w) karnā** reservieren
resham (m) Seide
reshmī … Seiden-
ret (w) Sand
rezgāṛī (w) Kleingeld
riṇ (m) Schulden
riṇī (m) Schuldner
ritu (m) Jahreszeit
rishtā (m) Verwandtschaft (-sbeziehung)
rishtedār (m) Verwandter
rishtedārī (w) Verwandte
rishwat (m) denā bestechen
rishwat (w) Bestechungsgeld
riyāz (w) karnā üben
rog (m) Krankheit
rogī (m) Patient
rokhnā anhalten, stoppen (etwas)
ronā weinen
roshnī (w) Licht
roshni-wālā (m) / roshni-wālā (w) hell
roṭī (w) Fladenbrot (klein, im Ofen gebacken
roz täglich
rozgāṛ (m) Anstellung
rudhir (m) Blut
rukhnā anhalten (selber), halten (jmd. oder etw. anhalten)
rupyā (m) Rupie
rūmāl (m) Taschentuch
rūp (m) Form (Gestalt)
rūṛhi-wādī konservativ

S

sab alle/s
sab kuch alle/s, so ziemlich alle/s
sab log alle Leute
sab se acchā (m) / sab se acchī (w) besten, am
sab se adhik meisten, am
sab se zyādā meisten, am
sabhī alle/s
sabjī (w), sabzī (w) Gemüse
sacāī (w) Wahrheit
saccā (m) / saccī (w) wahr
saccāī (w) Wahrheit
sadhāraṇ gewöhnlich (normal)
sadhāraṇ taur pe gewöhnlicherweise
safāī (w) Sauberkeit
safāī (w) karnā sauber machen
safed weiß
sahāytā (w) Hilfe
sahāytā (w) karnā helfen
sahan (m) karnā ertragen
sahan-shīl ausdauernd, zäh
sahan-shakti (w) Ausdauer, Zähigkeit
sahānu-bhūti (w) Mitgefühl

sahelī (w), sakhī (w) Freundin (einer Frau)
sakāl früh morgens
sakht streng
salāh (w) Rat
salāh (w) denā raten, beraten
salāh (w) denā raten
salāh-kār (m) Ratgeber
samriddh wohlhabend
samācār (m) Nachricht, Neuigkeit
samācār-patra (m) Zeitung
samādhi (w) Konzentration, Meditation
samāj (m) Gesellschaft, Gemeinschaft
samāpt beendet
samāpt karnā beenden
samāpti (w) Ende
samajh (m) Verstehen
samajh (w) Erkenntnis (Verstehen)
samajh (w) Verständnis
samajhnā verstehen
samasya (m) Problem
samatal flach
samay (m) Zeit
sambhaw möglich
samjhānā erklären
sam-laingik homosexuell
sam-ling-wādī (m) Homosexueller
samriddhi (w) Wohlstand
sampūrṇ komplett
sampattī (w) Besitz
sam-pradāyik interkonfessionell (z.B. Hindu-Moslem)
sam-pradāyik dangā (m) interkonfessionelle/r Aufstand, Ausschreitungen
samudra (m),
samundar (m) Meer
samundrī ḍākū (m) Pirat
samundra-taṭ (m) Küste
sanḍās (m) Scheiße
sanḍās (m) karnā scheißen
sandesh Botschaft, Nachricht
sandesh denā melden, übermitteln
sangīt (m) Musik
sangīt-kār (m) Musiker
sankīrṇ eng (schmal)
sankhyā (w) Nummer, Zahl, Anzahl
sañperā (m) Schlangenbeschwörer
sañsad (m) Parlament
sañskrit (w) Sanskrit
sañskriti (w) Kultur
santān (m/w) Nachkomme
santaraṇ (m) karnā schwimmen *(formell)*
samwidā (w) Vertrag
samyukt pariwār (m) Großfamilie
saphal erfolgreich
saphaltā (w) Erfolg
sapnā (m) Traum
saptāh (m) Woche
saptāhik wöchentlich
saptāhik patrikā (w) Wochenmagazin
saṛak (w) Straße
saral einfach (leicht)
sares (m) Leim
sarkār (m) Regierung
sarkārī ... Regierungs-
sastā (m) / sastī (w) billig
sau-bhagya (m) Glück (Zufall)
saudā (m) Handel; Ware
saudā (m) karnā Handel treiben
saugandh (w) Wohlgeruch
saundarya (m) Schönheit
sauñf (m) Fenchel
sawāl (m) Frage
sawadhān (m) karnā beachten
sawadhān! aufgepasst!
sawerā (m) Morgen
sawere morgens
sazā (w) Strafe
sazā (w) denā bestrafen
sazā-e-maut (w) Todesstrafe
sābun (m) Seife
sādā (m) / sādī (w) einfach, simpel, geradlinig
sādhu (m) Sadhu (heiliger Mann)
sāf sauber
sāf karnā sauber machen
sāfar (m) Reise
sāfar (m) karnā reisen
sāf-suthrā (m) / sāf-suthrī (w) sauber und ordentlich

sāhas (m) Mut
sāhil (m) Küste
sāhsī mutig
sāl (m) Jahr
sāmān (m) Gepäck, Sachen
sāmān (m) bāndhnā packen (Gepäck)
sāmne vorne
sāñp (m) Schlange
sāñs (w) lenā atmen
sārw-janik öffentlich
sāwdhān vorsichtig
sāwdhān honā konzentriert sein
sāwdhān karnā warnen (vor etwas)
sāwdhān! Vorsicht!
sāwdhānī (w) Konzentration
sāwdhānī se konzentriert, aufmerksam
sāyā (m) Schatten
***school* (w)** Schule
... se aus (von) ... , seit ...
... se ādī gewöhnt an ...
... se ḍarnā sich fürchten vor ...
... se hairān honā überrascht sein (über ...)
... se rishtā (m) honā verwandt sein mit ...
sehat (w) Gesundheit
senā (w) Armee
seṭh (m) Boss, Chef
sewā (w) Dienst
sewā (w) karnā Dienst erweisen
***sex* (w)** Sex
shādī (w) Heirat
shādī (w) karnā heiraten
shādī-shudā verheiratet
shādi-shudā nahīñ ledig
shākāhār (m) Vegetarismus
shākāhārī vegetarisch
shākāhārī (m) Vegetarier
shākhā (w) Ast, Zweig, Zweigstelle
shām (w) Abend
shām ko abends
shāmil honā teilnehmen
shānt ruhig
shānti (w) Frieden
shānti-pūrṇ friedlich
shāstrīya sangīt (m) Musik, klassische indische
shāyad vielleicht
shūnya null
shīghra schnell
shīghratā (w) Schnelligkeit
shīkshā (w) Bildung
shīshā (m) Spiegel
shīt-kāl (m) Winter
shabāsh! bravo!
shabd (m) Wort
shabda-kosh (m) Wörterbuch
shahar (m) Stadt
shak (m) karnā zweifeln
shakkī zweifelhaft
shakkar (m) Zucker
shakl (w) Gesicht
shaks (m) Person
shakti (w) Stärke (Kraft)
shakti-shālī stark
shalya-kriya (m) Operation (med.)
shani-wār (m) Samstag
sharāb (w) Wein
sharīr (m) Körper
sharīrī körperlich
sharam (w) ānā schämen, sich
sharaṇ (m) Schutz (Zuflucht)
shardī (w) Erkältung
***shark*-machlī (w)** Hai
sharmānā schämen, sich
sharṇārthi (m) Flüchtling
shart (w) Wette
shart (w) lagānā wetten
shatabdī (w) Jahrhundert
shatru (m) Feind
shaucālaya (m) Toilette *(formell)*
shauk (m) Hobby; Interesse
shikāyat (w) Klage
shikāyat (w) karnā klagen, reklamieren
shikhar (m) Gipfel (Berg-)
shikshā (w) Ausbildung, Studium
shishna (m) Penis
shishṭ höflich
shishṭtā (w) Höflichkeit
shishu (m) Kleinkind
shiwir (m) Lager (Camp)
shok (m) Kummer
shor (m) Lärm
shor (m) macānā lärmen
shorbā (m) Suppe

shor-sharābā (m) Lärm, Aufruhr
shor-wālā (m) / shor-wālī (w) laut
shrī ... Herr ... (Anrede)
shrīmān ... (m) Herr ... (sehr höfliche Anrede)
shreshṭh perfekt, am besten, unübertroffen
shrimatī ... Frau ... (Anrede)
shubh-kamnā (w) Glückwunsch
shubh-nām Name, werter *(formell)*
shukla weiß
shukra-wār (m) Freitag
shukriyā danke
shukriyā ādā karnā danken
shulk (m) Steuer, Zoll
shulk-mukt zollfrei
shulk-mukt dukān (w) zollfreier Laden
shurū (w) Anfang
shurū (w) karnā anfangen, beginnen
shurāut (w) Anfang
shurāut (w) karnā anfangen, beginnen
sifārish (w) Empfehlung
sifārish (w) karnā empfehlen
sigreṭ (w) Zigarette
sigreṭ (w) pīnā rauchen
sikhānā lehren
sikkā (m) Münze
silānā nähen
sim karḍ (w) SIM-Karte
single ledig
sipāhī (m) Soldat
sir (m) Kopf
sir-dard (m) Kopfschmerz
sirf nur
sishnāweshṭan (m) Kondom
sitārā (m) Stern (auch: Filmstar)
***size* (w)** Größe (Kleidung)
sīdhā geradeaus
sīdhā (m) / sīdhī (w) gerade
sīdhā-sādā (m) / sīdhī-sādī (w) einfach (geradlinig; Pers.)
sīdhī or geradeaus
sīdhī taraf geradeaus
sīmā (w) Grenze
sīnā (m) Brust
siṛhī (w) Leiter (Stufen)
sīṭī (w) bajānā pfeifen
smārak (m) Denkmal
smaraṇ (m) Erinnerung *(formell)*
snān (m) Bad
snān (m) lenā baden
so jānā schlafen gehen
socnā denken
somwār (m) Montag
sonā schlafen
sonā (m) Gold
sonār (m) Goldschmied
***soup* (w)** Suppe
spashṭ klar
stan (m) Brust
sthān (m) Ort, Platz
sthānīya örtlich
strī (w) Frau *(formell)*
subah (w) Morgen
subah ko morgens
subah-sawere früh morgens (ganz früh)
suhāg (m) Eheglück
sukhdāyī nett
sundar hübsch, schön
sundartā (w) Schönheit
sunnā hören
surakshā (w) Schutz
surakshā (w) karnā bewahren, beschützen
surakshit sicher
surakshit rakhnā erhalten, schützen
sust faul (Person)
sustī (w) Faulheit
sūī (w), sūcī (w) Nadel
sūar (m) Schwein
sūcit karnā Informieren
sūcnā (w) Information
sūjan (w) Schwellung
sūkhā (m) / sūkhī (w) trocken
sūkhānā tocknen
sūnghnā riechen
sūraj (m) Sonne
sūryāst (m) Sonnenuntergang
sūrya (m) Sonne
sūryoday (m) Sonnenaufgang
swād (m) Geschmack
swādishṭ köstlich, lecker
swādishṭ honā schmecken (lecker sein)

swāgat (m) Begrüßung
swāgat (m) karnā begrüßen, willkommen heißen
swāgatam! Willkommen! *(formell)*
swāsthya (m) Gesundheit
swīkār (m) karnā annehmen (akzeptieren)
swacch sauber *(formell)*
swacchālaya (m) Toilette *(formell)*
swacchatā (w) Sauberkeit *(formell)*
swadesh (m) Heimatland
swapna (m) Traum
swarg (m) Himmel (abstrakt)
swargīya verstorben *(euphem.)*
swasth gesund
swa-tantra unabhängig (Staat)
swa-tantratā (w) Freiheit (polit. Unabhängigkeit)
swayam selbst

T

... tak bis (zu) ...
tākat-war stark
tāki so dass
tālā (m) Schloss (Verschluss)
tāliyāñ (w) bajānā applaudieren
tānā-shāh (m) Diktator
tānā-shāhī (w) Diktatur
tāngā (m) Pferdekutsche
tāpmān (m) Temperatur
tārīf (w) Lob
tārīf (w) karnā loben
tāzā frisch
ṭāng (w) Bein
ṭāpū (m) Insel
ṭī-wī (w) Fernsehen
ṭī-wī (w) dekhnā fernsehen
ṭī-wī darshak (m) Fernsehzuschauer
ṭahalnā spazieren
ṭeṛhā (m) / ṭeṛhī (w) krumm, schief
ṭeṛhā-meṛhā (m) / ṭeṛhī-meṛhī (w) krumm, schief
ṭhīk gut, richtig
ṭhīk hai! okay!
ṭhīk samay par rechtzeitig
ṭhaharānā parken
ṭhahrnā leben, wohnen, bleiben (sich aufhalten); warten, abwarten
ṭhanḍā (m) / ṭhanḍī (w) kalt
ṭhappā (m) Stempel
ṭhappā (m) mārnā stempeln
ṭhekā (m) Vertrag
ṭhelā (m) Karre
ṭhelā-wālā (m) Verkäufer mit Handkarren
ṭhikānā (m) Wohnsitz; gesunder Menschenverstand
ṭhorā-sā (m) / ṭhorī-sī (w) bisschen, ein
ṭhos fest (solide)
ṭokrī (w) Korb
ṭomaṭar (w) Tomate
ṭopī (w) Hut
tīkhā (m) / tīkhī (w) scharf (Essen)
tīrth (m) Pilgerort
tīsrā (m) / tīsrī (w) dritte/r/s
tahzīb (w) Kultur
tairnā schwimmen
tak zu (hin)
takiyā (m) Kissen
takrīban etwa, ungefähr
talāk (w) (bei Moslems) Scheidung (der Ehe)
talāsh (w) karnā suchen
talāw Teich
tamāshā (m) Theater (Ärger, Aufsehen, Spektakel)
tamāshā (m) karnā Theater machen (Aufsehen erregen)
tambākū (m) Tabak
tambū (m) Zelt (großes)
tan (m) Körper
tandurust gesund
tandurustī (w) Gesundheit
tanhā (m) / tanhī (w) einsam
tanhāī (w) Einsamkeit
tarāzū (m) Waage
taraf (w) Richtung
tarah (w) Art (Weise)
taskar (m) Schmuggler

taskarī (w) karnā schmuggeln
taswīr (w) Bild
taswīr (w) khīñcnā malen, zeichnen
taṭ (m) Ufer
tathā und
tauliyā (m) Handtuch
taulnā wiegen (ab-)
tel (m) Öl
terā (m) / terī (w) dein
tez scharf (z.B. Messer)
tez-tarrār energisch
thānā (m) Polizeistation
thūknā spucken
thailī (w) Tasche, Beutel
thappaṛ (m) Ohrfeige
thappaṛ (m) mārnā ohrfeigen
***theatre* (w)** Theater
thoṛā-thoṛā (m) / thoṛī-thoṛī (w) ein bisschen
tihāī (w) Drittel
***time* (w)** Zeit, Uhrzeit
titar-bitar hier und dort (weit verstreut)
tithi-patra (m) Kalender
titlī (w) Schmetterling
to ...? na? ... (na, was denn nun?)
to, phir ...? na? ... (na und?)
tohfā (m) Geschenk
***toilet* (w)** Klo, Toilette
tolnā wiegen (ab-)
toṛnā brechen (zerstören); pflücken
***truck* (w)** Lastwagen
tufān (m) Sturm
turant bald

U / V

udās traurig
udgam (m) Quelle (Fluss)
udhār (m) Kredit
udhār (m) lānā leihen, sich
udhār (m) māngnā leihen, sich
udhār denā leihen, jmd. etw.
udhar dort, dorthin
udyān (m) Park
udyog (m) pion Industrie
uf! oh!
ugānā wachsen lassen
ugnā wachsen (Pflanze etc.)
ullū (m) Eule (auch: Dummkopf)
ullekh (m) karnā erwähnen, nennen
ulṭā (m) / ulṭī (w) umgekehrt (verdreht)
ulṭiyāñ (w) honā, ulṭiyāñ (w) karnā erbrechen, sich übergeben)
umar (w) Alter
ummīd (w) Hoffnung
ummīd (w) karnā hoffen
ummīd hai ki ... hoffentlich ...
umra (w) Alter
unglī (w) Finger
unnati (w) Fortschritt
unnati-shīl fortschrittlich
upa-bhāshā (w) Dialekt
upa-graha (m) Satellit
upa-nagar (m) Vorort
upanyās (m) Roman
upa-yog (m) Nutzen, Benutzung
uṛān (w) Flug
uṛnā fliegen
***urinal* (w)** Toilette
us pār gegenüber
us samay se seither
uske bād danach
uṭhānā heben
uṭhnā aufstehen
utarnā aussteigen
utkarsh (m) Qualität, Güte
utpād (w) Produkt
utsaw (m) Feier, Fest
uttar Norden
uttar (m) Antwort
uttar (m) denā antworten
ūb (w) Langeweile
ūb (w) honā langweilen, sich
ūbāū langweilig
ūñcā (m) / ūñī (w) hoch
ūñcāī (w) Höhe
ūpar hinauf, oben
ūpar jānā sterben *(Slang)*
ūpar-wālā (m) Gott, „der da oben" *(Slang)*
***vote* (w) karnā** wählen (polit.)

W

wriddhi (w) Wachstum, Anstieg
wriksh (m) Baum
wādā (m) Versprechen
wādā (m) denā versprechen
wādā (m) toṛnā Versprechen brechen
wāh-wāh! bravo!
wākya (m) Satz
wāpas zurück
wāpsī (w) Rückfahrt, Rückkehr
wār (m) Wochentag
wāsī (m) Bewohner
wātānu-kūlan (m) Klimaanlage *(formell)*
wātānu-kūlit klimatisiert *(formell)*
wāyu (m/w) Luft, Wind
wacan (m) Versprechen
wacan (m) denā versprechen
wadhū (w) Braut
wah der, die, das
wah-wah! spitze!
wahāñ da, dort (räumlich)
waid (m) Arzt (ayurvedisch)
waidh gültig; legal
wajah (w) Grund, Ursache
wajan (m) Gewicht
wajan (m) karnā wiegen, abwiegen
wakīl (m) Anwalt
wakt (m) Zeit
wan (m) Wald
war (m) Bräutigam
warnā andernfalls
warṇa-mālā (w) Alphabet
warsh (m) Jahr
warsh-gāṇṭh (w) Geburtstag
warsh-gāñṭh (w) Jubiläum
wartmān (m) Gegenwart
wesh (m) Kleidung
wibhinn verschieden/e
wicār (m) Meinung
wicār (m) karnā meinen, glauben
widā honā verabschieden
widesh (m) Ausland
wideshī fremd, ausländisch
wideshī (m) Ausländer/in
widhur (m) Witwer
widhwā (w) Witwe
widyā (w) Wissenschaft
widyārthi (m) Schüler, Student
widyārthinī (w) Schülerin, Studentin
widyūt (m) Elektrizität
wijay (w) Sieg
wikās (m) Fortschritt
wikās-shīl fortschrittlich
wikretā (m) Verkäufer
wimān (m) Flugzeug
wimān-sthal (m) Flughafen
winīt bescheiden
wiñgyā-pan (m) Reklame
wiñgyā-pan (m) karnā Reklame machen
winimay (m) karnā wechseln (Geld)
wish (m) Gift
wishāl groß
wishesh besondere/r
wishwās (m) Glaube
wishwās (m) karnā glauben
wishwa (m) Erde, Welt
wishwa-widyālaya (m) Universität
wiwāh (m) Heirat
wiwāhit verheiratet *(formell)*
wiwāhit jīwan (m) Ehe(-leben)
woh der, die, das
wyakāraṇ (m) Grammatik
wyakti (m) Person
wyakti-gat privat
wyapār (m) Geschäft (Business, Branche)
wyapārī (m) Geschäftsmann, Händler
wyawasthā (w) System, Ordnung

Y

yā oder
yād (w) Erinnerung
yād (w) dilānā erinnern, jemanden
yād (w) karnā erinnern, sich
yār (m) Kumpel (Freund)

yātrā (w) Reise, Pilgerreise
yātrī (m) Pilger, Reisende/r
yātrā (m) karnā reisen
yātriṇī (w) Pilgerin
yadi wenn (falls)
yadyapi obwohl
yah dies/e (Einz.)
yahāñ hier
yaun-rog (m) Geschlechtskrankheit
ye die, diese (Mz)
yog (m) Yoga
yogāsan (m) Yogastellung
yogī (m) Yogi
yoginī (w) Yogini (weibl. Yogi)
yogya fähig, geeignet
yogya qualifiziert
yogyatā (w) Fähigkeit
yojñā (w) Plan
yojñā (w) banānā planen
yoni (w) Vagina
yuddh (m) Krieg
yug (m) Zeitalter
yuwāk (m) junger Mann
yuwatī (w) junge Frau

Z

zabān (w) Sprache; Zunge
zahar (m) Gift
zaharīlā (m) / zaharīlī (w) giftig
zakhm (w) Verletzung
zakhmī verletzt
zamānā (m) Zeitalter
zamīn (w) Land (Grundstück)
zamīndār (m) Landbesitzer, Großgrundbesitzer
zambhāī (w) lenā gähnen
zarā-sā bisschen, ein
zarūr selbstverständlich
zarūrī notwendig
zarūrat (w) Notwendigkeit
zarūrat (w) honā benötigen
zardā (m) Kautabak
zewar (m) Schmuckstück
zewarāt (m; Mz) Schmuck
zimmedār verantwortlich
zimmedārī (m) Verantwortung
zindā honā leben (lebendig sein)
... zindābad! hoch lebe ... !
zindagī (w) Leben
zubān (w) Sprache; Zunge
zukām (m) Erkältung, Grippe
zyādā viel (sehr viel)
zyādātar mehrheitlich, meistens, zumeist